中华复兴之光
千秋名胜古迹

万里长城雄姿

李姗姗 主编

汕头大学出版社

图书在版编目（CIP）数据

万里长城雄姿 / 李姗姗主编. -- 汕头 ：汕头大学
出版社，2017.1（2023.8重印）
　（千秋名胜古迹）
　ISBN 978-7-5658-2837-9

　Ⅰ．①万… Ⅱ．①李… Ⅲ．①长城—介绍 Ⅳ．
①K928.77

中国版本图书馆CIP数据核字(2016)第293968号

万里长城雄姿　　　　　　WANLI CHANGCHENG XIONGZI

主　　编：李姗姗
责任编辑：宋倩倩
责任技编：黄东生
封面设计：大华文苑
出版发行：汕头大学出版社
　　　　　广东省汕头市大学路243号汕头大学校园内　邮政编码：515063
电　　话：0754-82904613
印　　刷：三河市嵩川印刷有限公司
开　　本：690mm×960mm 1/16
印　　张：8
字　　数：98千字
版　　次：2017年1月第1版
印　　次：2023年8月第4次印刷
定　　价：39.80元
ISBN 978-7-5658-2837-9

前 言

　　党的十八大报告指出："把生态文明建设放在突出地位，融入经济建设、政治建设、文化建设、社会建设各方面和全过程，努力建设美丽中国，实现中华民族永续发展。"

　　可见，美丽中国，是环境之美、时代之美、生活之美、社会之美、百姓之美的总和。生态文明与美丽中国紧密相连，建设美丽中国，其核心就是要按照生态文明要求，通过生态、经济、政治、文化以及社会建设，实现生态良好、经济繁荣、政治和谐以及人民幸福。

　　悠久的中华文明历史，从来就蕴含着深刻的发展智慧，其中一个重要特征就是强调人与自然的和谐统一，就是把我们人类看作自然世界的和谐组成部分。在新的时期，我们提出尊重自然、顺应自然、保护自然，这是对中华文明的大力弘扬，我们要用勤劳智慧的双手建设美丽中国，实现我们民族永续发展的中国梦想。

　　因此，美丽中国不仅表现在江山如此多娇方面，更表现在丰富的大美文化内涵方面。中华大地孕育了中华文化，中华文化是中华大地之魂，二者完美地结合，铸就了真正的美丽中国。中华文化源远流长，滚滚黄河、滔滔长江，是最直接的源头。这两大文化浪涛经过千百年冲刷洗礼和不断交流、融合以及沉淀，最终形成了求同存异、兼收并蓄的最辉煌最灿烂的中华文明。

五千年来，薪火相传，一脉相承，伟大的中华文化是世界上唯一绵延不绝而从没中断的古老文化，并始终充满了生机与活力，其根本的原因在于具有强大的包容性和广博性，并充分展现了顽强的生命力和神奇的文化奇观。中华文化的力量，已经深深熔铸到我们的生命力、创造力和凝聚力中，是我们民族的基因。中华民族的精神，也已深深植根于绵延数千年的优秀文化传统之中，是我们的根和魂。

　　中国文化博大精深，是中华各族人民五千年来创造、传承下来的物质文明和精神文明的总和，其内容包罗万象，浩若星汉，具有很强文化纵深，蕴含丰富宝藏。传承和弘扬优秀民族文化传统，保护民族文化遗产，建设更加优秀的新的中华文化，这是建设美丽中国的根本。

　　总之，要建设美丽的中国，实现中华文化伟大复兴，首先要站在传统文化前沿，薪火相传，一脉相承，宏扬和发展五千年来优秀的、光明的、先进的、科学的、文明的和自豪的文化，融合古今中外一切文化精华，构建具有中国特色的现代民族文化，向世界和未来展示中华民族的文化力量、文化价值与文化风采，让美丽中国更加辉煌出彩。

　　为此，在有关部门和专家指导下，我们收集整理了大量古今资料和最新研究成果，特别编撰了本套大型丛书。主要包括万里锦绣河山、悠久文明历史、独特地域风采、深厚建筑古蕴、名胜古迹奇观、珍贵物宝天华、博大精深汉语、千秋辉煌美术、绝美歌舞戏剧、淳朴民风习俗等，充分显示了美丽中国的中华民族厚重文化底蕴和强大民族凝聚力，具有极强系统性、广博性和规模性。

　　本套丛书唯美展现，美不胜收，语言通俗，图文并茂，形象直观，古风古雅，具有很强可读性、欣赏性和知识性，能够让广大读者全面感受到美丽中国丰富内涵的方方面面，能够增强民族自尊心和文化自豪感，并能很好继承和弘扬中华文化，创造未来中国特色的先进民族文化，引领中华民族走向伟大复兴，实现建设美丽中国的伟大梦想。

目 录

先秦长城

明代长城

先秦长城

长城是中华民族的象征，它贯穿我国北部，蜿蜒曲折，气势磅礴。

在我国，最早修建长城的是春秋战国时期的楚国，在历史上，这段长城被称为"方城"或"万城"，全长近500千米。楚国长城修成后，齐、魏、韩、中山国、燕、赵、秦等国家也各自修建了自己的长城。

由于这些长城的规模都不大，它们的长度有的只有数百千米，为此，人们统称这些长城为"先秦长城"。

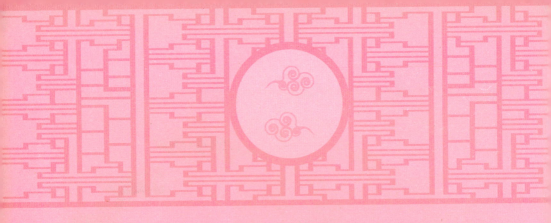

楚文王为屯兵始建"方城"

公元前7世纪前后，正是我国历史上的春秋战国时代，在这个时期，我们国家形成了很多个诸侯国，其中，以楚国、齐国、中山国、魏国、韩国、秦国、燕国和赵国等最为著名。

公元前678年，楚国在征服汉水以东的诸侯国之后，率军向北发展，将西周时期形成的申、缯等诸侯古国封地据为己有。

之后为实现"我有蔽甲，欲以观中国之政"的政治意愿，楚文王又继续沿着申、缯等古国封地的北部、东北部，并凭借伏牛山和桐柏山自然形成的天然隘口，命人在缯国缯关基础上，修筑了我国历史上最早的长城，同时进入缯关处修建了屯兵戍守的"方形小城"，即"方城"。

在我国历史上，"方城"一词在楚国地理中多次出现。总结起来，主要有以下几种说法。

第一种，认为方城是山。据《后汉书·郡国志》记载："南阳郡下：'叶有长山，曰方城。'"又据《括地志》记载："方城，房州竹山县东南四十一里。其山顶上平，四面险山峻。山南有城，长十余里，名为方城。即此山也。"

第二种，认为方城是一个关塞。据《淮南子·地形篇》记载："何谓九塞？曰：太汾、渑池、荆阮、方城、觳阪、井陉、令疵、句注、居庸。"

高诱作注说："方城，楚北塞也，在南阳叶。"

第三种，则认为方城是座城。在《水经注·汝水》记载："苦菜于山东之间。有小城名方城，东临溪水。寻此城致号之由，当因山以表名也。"

在《水经注·溧水注》记载："醴水又屈而东南流，迳叶县故城北。昭公十五年，许迁于叶者也。楚盛周衰，控霸南土，欲争强中国，多筑列城于北方。以逼华夏，故号此城为万城，或做方字。"

为此，根据古人留下的古籍资料，人们认为，"方城"原指方城

山，后来，因为楚国在此地修建城墙，并逐步扩大规模，人们便把这段城墙称为"方城"。

因为这种城墙很长，而且与一般城中的城墙有所不同，它不是周围封闭的，所以称为"长城"或"长垣"。又因为此段城墙是楚国始建的，为此，这座城墙后来又被称为"楚长城"或者"楚方城"。

而这里的"方城"称谓，则应当是因旁边的"方城山"而得名的。

关于楚长城在当时楚国的分布，我国的历史文献上有清楚的记载，其中，北魏学者郦道元的《水经注·沘水注》引南北朝宋人盛弘之所著《荆州记》记载："叶东界有故城，始犫县，之濒水，达泚阳界，南北联络数百里，号为方城，一为长城云。"意思是："叶县东面有故城一道，从鲁山县开始，东至泚水，西达比阳界，南北连联数百里，号为方城，也称作'长城'。"

《水经注》还载有："郦县也有故城一面，未详里数，号为长城，即此城之西隅，其间相去六百里，若南北虽无筑基，皆连山相接，而汉水流其南。"《括地志辑校》记载："故长城在邓州内乡县西七十五里，南入穰县，北连翼望山。"

根据这些资料，后人推测当时的楚长城大致应该分为北线、东线、西线三部分，整体轮廓略呈"∩"形，故称"方城"。它们主要分布在豫南的平顶山、南阳、驻马店、信阳四个地级市的25个县。

这座长城西起湖北省竹溪县，跨汉水辗转至河南省的邓县，往北经内乡县，再向东北经鲁山县，跨汉水辗转至河南的邓县，往北经内乡县，再向东北经鲁山县、叶县，往南跨过沙河直达泌阳县，总长将近500多千米。

其中，北线为东西走向。《水经注》称"其间相去六百里"，指自东部的叶县向西经河南省鲁山县、南召县至内乡县郦长城之间的大约距离，长城线路位在南阳盆地北缘东西绵亘的伏牛山沿线上。

北线的四分之三在南召县境内，有石砌关城53座，重要关门东有鲁阳关，西有野牛岭关。其次还有中部分水岭关，分别扼守着自洛阳南下的南北古道。

东线为北、东、南走向。其中东内线，自鲁阳关南下，沿三鸦路

至南端的第一鸦。三鸦路，为洛阳南下经鲁山、南召通向南阳的著名古道，《南阳古代史话》称三鸦路为古"夏路"。

三鸦路段均在南召境内，中流鲁阳关水，简称"关水"。《清一统志》记载："三鸦路以百重山为第一鸦，分水岭为第二鸦，鲁阳关为第三鸦。"

《南召县志·交通志·古道》记载："宛洛大道，即古三鸦路，也称鲁关道，是南阳通往洛阳的一条重要通道。始建于公元前9世纪西周时期，昭王、穆王为沟通宛洛，防楚北侵，故修此道。"

第二鸦所在的云阳关，鸭河、鸡河在此汇流，汇流处两山并立，三鸦路古道在此通过，故历史上被称为"北扼汝洛，南扼荆襄"的咽喉之地，为历代兵家所必争。

西线为北、西、南走向。其西内线，由南召县乔端镇的野牛岭南下，经板山坪镇的周家寨又名"金斗关"，南入镇平县，继向南入邓

州境内的穰故城。据《南召县志》记载，与西内线相联系的古道有两条：

一条是马市坪古道，由洛阳向西南经嵩县沿白河入南召县乔端镇、马市坪乡、李青店，南达南阳，中间有著名的灌沟孔道，县内总长45千米。

一条为板山坪古道，由李青店经白土岗乡、板山坪镇西入内乡县马山口，远入武关，县内总长45千米。

另有白河航道，下通汉江，北至板山坪镇余坪。位于板山坪镇的周家寨，为楚长城的一座大型关城，位于金斗山上。

《明嘉靖南阳府志》称"金斗山在县西南一百六十里"，并称"明会典有金斗关，关因山盖置，跨内乡、南召二县"。至明代更名为"莲花寨"，清代初期经此地周姓旺族复修后又更名"周家寨"。此寨紧锁着板山坪古道。周家寨周围沿古道分布着黄路岈寨、楼子垛寨、黑沟顶寨、小曼寨、青风崖寨等十余座石寨城，集群分布。

向南入镇平县境又有菩提寺寨等有名寨城。《括地志》称"故长城在邓州内乡县东七十五里，南入穰县"，应该是指这里的楚长城西内线。

楚长城之西外线，自南召县西北乔端镇境内的桃花庵寨、八里坡寨向西南，经京子垛寨、老界岭寨等入内乡县境。

这条楚长城，有的用石砌垒，有的用土筑墙，与天然的悬岩峭壁结为一体，形成当时楚国对外防御的巨大屏障，简称"古楚长城"，又名"内长城"。此条长城的"大关口"，为楚方城东段隘道关塞之一。这道关塞一直保存下来，位于河南方城县独树乡申辛庄村。

关口东侧为横亘于叶县西南之黄石山西麓的擂鼓台，北岭头和尖山诸峰；西侧为伏牛山东麓之对口门，旗杆山和香布袋山诸峰。东、西山峰夹峙，形成隘口。其构筑皆依山就岭，以南北两道土城构成有似新月形、面向东南的两道防线。

关口南北城墙相距30米。东侧的北墙依悬崖而筑，与南墙相距200米至300米。南北墙之间且有深沟，南城内侧有12米见方之土台7个，

似为城堡。西侧之北墙亦依山岭而筑，在对门山顶和香布袋山均有石基城堡遗迹。

该关遗留之内外城垣总长度达约2.8千米，残高1.5到3.0米，基底宽10米、顶宽1.5米。城堡遗迹共有9处，规模宏大，设计构思周密，为研究楚国军事建筑工程提供了宝贵的实物例证。

历史上，楚长城修成后，有一次，齐国要进兵攻打楚国，军队已经到了"陉"这个地方，楚成王派了大夫屈完去迎敌。到了召陵地方，屈完对齐侯说："你如果真正想要打一仗的话，楚国有方城可以作为城防，有汉水作为城池，足可以抵挡一阵子的。"齐侯见楚防御工事果然坚固，只好收兵。

像这样别的诸侯国家去攻打楚国，到了方城就被阻挡而回的情况，在古代文献上还有不少记载。

如据《左传》上记载：又有一次，晋国的处父替攻打以救江，到了方城，遇到息公子朱，便回去了。又如，晋国的荀偃、栾黡率师伐楚，入侵到了方城之外，由于防御严实，没敢攻打，结果只好攻打了一下别的地方就回去了。

这些历史故事，不仅说明了楚方城在防御其他诸侯邻国侵扰上的功用，而且也说明了方城不是一般孤立城市的城垣，而是连绵不断的城防，构成了一个完整的防御工程。这便是我国长城的开始。因为楚长城是我国最早的长城，它被人们称为我国的"长城之父"。

知识点滴

虽然人们认为，楚长城是在楚文王时期修建的，但后人也认为，楚长城的修建时间并非是短期时间可以修成的，为此，人们主要有"春秋说"和"战国说"两种看法。主要是如下几个观点：

一是，楚国直至楚怀王前，一直处于强势，修长城无疑是作茧自缚，楚国没有必要修筑北长城。为此，楚长城是在楚怀王以后修建的。

二是，楚成王时期屈完大夫"方城以为城，汉水以为池"的说法，"方城"指的是方城山，并非指的是长城。也就是说，在春秋战国时以齐国为首的联军进攻楚国方城时，方城并无长城之险。

三是，楚长城是为抗秦而建的，楚国只有西线长城。北部只是利用了山险墙和谷堑。为此，楚长城的修建时间是在公元前6世纪左右。

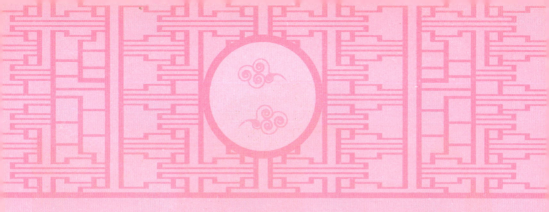

齐环为军事防御建"巨防"

在春秋战国时期，楚国修建起第一座长城以后，齐国看到了长城的好处，也仿照着楚国的样子，修建了齐国长城。

说起齐国长城的修建，还有一段有趣的历史故事呢！

当时，我国的众多诸侯国，除了楚国、齐国、中山国、魏国、韩国、秦国、燕国和赵国等国之外，在齐国附近，还有晋国、鲁国、宋国、卫国等一些小国家。

在这些国家中，齐国和晋国的关系最差。原因是，在楚国修建长

城的年代里，齐国当时正是齐桓公当君王，这位齐桓公是位非常了不起的人物，在他当齐国君王期间，他号称中原的霸主，没有一个诸侯国敢惹他。

齐桓公死后，齐国发生了一些内乱。在这样的情况下，齐国附近的晋国日益强大起来，成为了新的中原霸主。这样一来，齐国和晋国的关系就弄得很僵。

至齐灵公齐环时，有一次，晋国君主晋平公让附近的小诸侯国在河南济源西一带参加盟会，结果，其他小诸侯国的君王都亲自参加了这次会议，而唯独齐灵公则只派出了自己的大夫高厚赴会。

在盟会上，晋平公要自己的中军元帅荀偃率领各国大夫与高厚举行盟誓，而高厚却又偷偷逃回齐国。

于是，荀偃与各国大夫盟誓说："背叛盟主者，诸侯共讨之！"

这里，荀偃口中的"背叛盟主者"，显然便是指的齐国。

在此次盟会后的第二年，齐国又兵分两路向晋国的盟国鲁国发起了进攻。当时，由于鲁国有所防备，两路齐军皆无功而返。

公元前555年秋，齐灵公坐镇山东平阴，分兵数路再次向鲁国发起进攻，晋平公得知后，便组织其他盟国发兵讨伐齐国。

晋国三军来到济水之畔，中军主帅荀偃往济水中投放玉石，祭祀济水之神，并历数齐灵公的罪行：齐环凭借山水之险和人口众多，背弃盟主，凌虐民众。

第二年初春，晋军渡过济水，来到鲁国地盘，与鲁、宋、卫、郑、曹、莒、邾、薛、杞等国军队会合，然后就沿着济左陆桥，气势汹汹地向平阴扑来。

齐灵公见大兵压境，便紧急召回进攻鲁国的军队，回防齐国西南边陲各个重镇和战略要地。与此同时，齐灵公发动士兵紧急加固平阴邑南面的堤防，使之更宽更高更长，又在堤防外侧挖掘堑壕，西引济水和湄湖之水作为护城河。

这样，平阴城南的这道堤防便由一般的水利工程一跃变成军事防御工程的巨防夯土长城。这便是齐国最早一段长城的缘起。

正因为齐长城缘起于水利工程的堤防，所以它本来的名字就叫"巨防"，即便到了后来的战国时代，"长城"的名字叫响之后，"巨防"依然是齐长城的别称。

对于这段巨防的防御作用，当时随军的宦官夙沙卫很不以为然，他对齐灵公说："主公，卑职以为，不能战，莫如守险。"

夙沙卫的意思是说，如果不能同敌军直接交锋取胜，那么就应该固守平阴以及附近的京兹、邿、卢等城邑。

但是，齐灵公并没有采纳他的意见，依然坐镇在平阴城。

之后，诸侯联军来到平阴城，立即被眼前的这道既高又厚的巨防挡住了去路。联军们只好集中兵力，强行攻击巨防上唯一的出入口防门。但是由于齐国将士顽强抵抗，虽然也有死伤，却也使得联军不能

越雷池一步。

联军见强攻防门一时难以得手，晋国大夫范宣子就对齐军实施攻心战术和疑兵战术，最后，齐灵公果然中计，只好撤出平阴城。

不过，虽然最后齐军被晋国带领诸侯联军打败了，但可以看出，当时齐军修建的这座巨防长城在军事上是起到了一定的防御作用的。

再说齐灵公修成了巨防长城以后，至战国中期，齐威王、齐宣王继起争霸，楚

国灭掉了齐国附近的越国，更加危胁到了齐国，而冈峦起伏的泰沂山区正处于齐之南越，以山代城的传统格局已不适应骑兵战的新形势，于是，齐威王又命人在齐国边界修建了中段长城。

再后来，齐宣王继位，又对齐国的长城加以维修连成一体。

关于这段历史，《史记·楚世家·正义》引《齐记》记载："齐宣王乘山岭之上筑长城，东至海、西至济州千余里以备楚。"

历史古籍《太平寰宇记》中也记载："齐宣王筑长城于此，西起齐州，东抵海，犹有遗址。"

又据古籍《水经注》中记载："县北偏东百五里，上有穆陵关；关之南北为沂朐分界处，齐宣王筑长城于此。"

这些历史记录可以看出，齐宣王时期修建的齐长城规模已不小。

再后来，齐宣王之子齐湣王又对齐国的长城进行了全面整修。至此，齐长城先后经历几百年工夫，终于大功告成。

这段长城依山势而筑，西起黄河河畔，东至黄海海滨；东西蜿蜒千余里，几乎把整个山东南北分为两半。

此军事巨防，蜿蜒起伏在1518座山峰上；它历经平阴、长清、肥城、泰山、泰安、历城、章丘、莱芜、博山、淄川、沂源、临朐、沂水、安丘、莒县、五莲、诸城、胶南、黄岛共19个县市区的94个乡镇。全长约为618.9千米，史称"千里齐长城"。

因为这段长城多依山势而筑，山岭之地又多筑在峰顶处，为此，齐长城又有"长城岭"之称。

齐长城所经沿线也有平坦之地，所以作为齐长城的整体建筑结构设计、城墙结构各自有异。随山势而筑地段城墙多系大小不一的自然

石块砌成，一般不用灰浆等物凝固。

而平原低谷地段所筑长城又多夯筑而成，土筑的城墙也称"巨防"或"防门"。

而就城墙的建筑材料而言，多就近取材，山岭地段所长城墙，因取石之便，即用石砌；平坦地带，因无石便取，即用土筑。

齐长城是随着不同的地形、山势和地貌而修筑的，主要有关、烽火台、团城和墙四部分组成，关全部建在山口要道上；烽火台则建在大关的山顶，用以传递敌情；团城是建在关两侧高山顶上的石围墙塞，用以屯兵和观察敌情。

城墙的位置一般是建在随山升降的分水岭南侧的斜坡上。地势一般是南低北高。因为南面低，来犯的敌人需要向上进攻，非常困难，起到防御作用。北面高则可以居高临下，易于防守。

墙底厚一般3米，但关处厚4米至8米。南半部分是外墙，平均高4

米，关处墙最高8米，北半部分是站墙，厚1米，高1米左右，有便于瞭望、巡逻、隐蔽和作战的优点。

在城墙的阴面，建有横向的拦沙土水的小石墙，有的墙内垒着泄水沟，以防止城墙被雨水冲坏；墙的用料一般是就地取材，砂石山就用砂石，青石山就用青石。

上游镇南栾宫村西的"道士帽"山处的220米城墙则是用沙土夯筑而成，特殊地带就以悬崖代墙，如三顶山、鸡罩山上的墙就是如此。砌墙的方法也因料而异，土墙就用夯筑法，石墙、关楼和城堡则用支垫干垒法，关门洞采用的是发暄技术。

其中，尤以干垒法和发暄技术最值得称道，不怕雨雪冲刷，经得起风吹日晒，因而一直完好无损，齐长城保存最完整的的是莱芜境内上游镇娘娘庙锦阳关以西的662米，共有190个城垛，每个城垛上有一个瞭望口。

综观齐长城的建筑结构设计，有因地制宜、充分利用地形、就地取材的特点。为此，我们后来所见长城不是整齐的统一设计，而是多因山势和河堤而筑，平地、河流、低谷处重点设防，以确保进出方便，能攻易守。

后来的城墙遗迹一般在山系顶峰险要处，这说明当时此处没有修筑城墙，有的地方即使修筑，规模也很小。而在山系岭脊外缘陡险处，长城内侧地势较外侧要高出许多，一般可高出两三米，而外城墙内只填以三四米宽的土沙或碎石。

所以齐长城较多地段为单城墙，即只有外墙，无内墙，即使有内墙也较低，这也是在春秋战国时期各国所建长城中仅有的，在历代所建长城也是仅有的。

而平阴、长清一带的长城西端，则既无山岭屏障，又无河道为阻，而此处又是齐国南通曹、宋、滕、邾、鲁、楚、周诸国，西通

卫、晋、郑的要冲地带，也是兵家必争之地。故齐国不惜耗费巨工在此用土坯筑成高厚的城墙，史称"巨防"。

巨防西端设防门，筑两道城墙，为重要门户，中间设关卡，战时可以关闭。

《史记·苏秦列传》中记载："虽有长城巨防，恶足以为塞"即指此。

至于战国晚期，燕军伐齐，由西北入境，长驱直入，攻占齐城，当另有别因。

南部因有长城巨防，在春秋战国长达500余年的时间内未发生此类灭国之灾，说明长城作为南界军事防御工事，确实起到了筑城卫国的作用。

巍峨壮观的齐长城如一条巨龙，穿越于崇山峻岭之间、阡陌沟壑之上，与浩瀚壮阔的大海相衬托，气势磅礴、雄伟异常，有"少海连墙"之美誉。

整条长城充分利用泰沂山脉自然山势设计。不仅充分体现了"齐陵堤防，必处其右而背之"的军事原则，也节约了大量的人力物力。它充分显示了当时齐国科学的先进和体现军事防御这一军事主导战略意图。为此，可以说，齐长城在我国历史上占有重要地位。

因为这座长城比欧洲人公元前459年修建的79千米长雅典壁垒早200余年，比秦长城早400余年，为此，它又被后人称为"中国长城之父""世界壁垒之最"。

知识点滴

古老的齐长城以其特有的军事、地理、商旅、建筑等方面的魅力而闻名。在齐长城下，流传着许多凄婉动人的故事：

相传，在长城脚下住着一户人家，聪明英俊的王小与老母相依为命，无奈家贫如洗，王小老大不小了也没有娶上媳妇，老母盼媳心切，日久成疾，双目失明，王小靠讨饭奉养老母并天天到山上打柴换药为老母治病，历尽生活艰辛。

王小的孝心终于感动了神灵，托梦指点他道：北墙跟前一地花，九月满目黄金甲；得此妙药圣草日，定是慈母见天时。

王小醒来，恍然大悟：这不就是天天打柴时见到的齐长城下的野菊花嘛！于是采来野菊，熬汤为老母洗眼，果然灵验。这一偏方，一直在齐长城下流传应用，造福一方百姓。

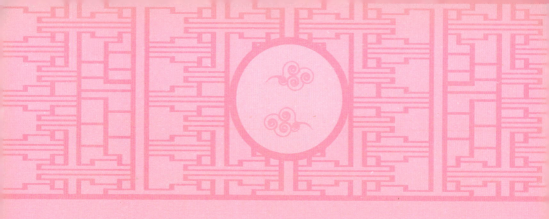

中山国为保卫领土建短长城

　　战国时期，在楚国和齐国各自建成守护国土的长城以后，有一个小国中山国也筑了长城。

　　中山国，是我国北方少数民族北狄建立的国家，原名"鲜虞"，始建于西周。

　　春秋晚期，鲜虞转移至唐县，改称"中山国"，中山武公建都于顾，也就是后来的河北省定州。

　　中山国位于后来的河北省中部正定、石家庄的西北，它东与齐国，北与燕国，西南与晋国和赵国

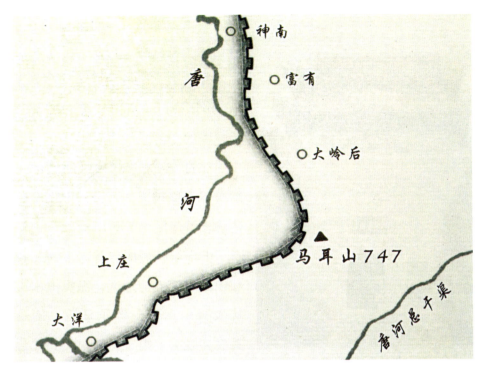

相连，四面八方都是强大的诸侯国家。

中山国虽然是小国，却十分顽强，曾于公元前406年为魏国所灭，至公元前380年左右又复国。

复兴后的中山国位于赵国的东北部，把赵国南北领土分割开来，因此成为赵国的心腹之患。赵国在公元前377年、376年曾两次进攻中山国，均遭到中山国的抵抗，没有成功。

此后，中山国开始修筑长城。

据《史记·赵世家》记载：

赵成侯六年，中山筑长城。

这里的赵成侯六年，便是公元前369年。

不过，虽然中山国修建了守护自己国土的长城，但是，由于中山国实在是太小了，最后还是在公元前296年被赵惠文王所灭，改其地为赵国的中山郡。

经过350余年建国时间的中山国虽然最终被灭，不过，中山国修建的长城却保存了下来。

中山国长城的位置起于河北省和山西省交界的地区，纵贯恒山，从太行山南下，经龙泉关、倒马关、井陉关、娘子关，固关到邢台南黄泽关以南的明水岭大岭口，长约250千米。

此长城后来在唐县、曲阳、顺平等地都有遗址可寻，大体走向是沿唐河右岸行。

中山国长城遗址大约有四五十千米，山上用毛石块垒成，山下用土和石头、石条混筑。

其中，山下长城两侧用简单打制的石块堆砌，中填碎石或地表土，墙基用较规整的石块平铺。墙基宽两三米，城墙横截面呈梯形，上宽下窄，有"土龙""龙脊"之称。

土石混筑的中山长城，高处约有3米，宽0.5米至2.5米，做法是两侧挖地基，砌石块做边墙，中间用土和碎石填充。长城干线上有圆形和方形的烽火台，长城沿线处建有城堡。

由于此座长城历史久远，墙体坍塌现象十分严重，整座长城呈现南北走向，以主干城墙为主体，另在一些险要的关口筑城或筑墙扼守。在城墙内侧修筑较大的城址为屯戍点，或在城墙附近驻兵防守，共同构成一道严密的防御体系。

主干城墙起自西北距唐县周家堡8千米的顺平县神南乡大黄峪村西北海拔约700多米的名为"大簸箕掌"的山峰半山腰处，沿山脊顺势而呈西北—东南走向，蜿蜒曲折于山脊和绝壁之上。由神北村向南，绝壁连绵，未筑城墙，以山为险。

在神北村南约6千米，长城又出现于大悲乡西、大悲村西北的西山岭上，向南依地势曲折前行，至富有村西的西水磨台，为一条汇入唐河的小支流隔断，随后又在富有村东山岭上出现，大致呈西北—东南走向，延伸至团结乡境内，翻越两座山峰后经大岭后村北，再经李家沟村东北的险峻山峰转而向南入齐各庄乡界内。经柏山村西北绝壁，沿大碗岭、黄坡山、乔尔坡，直插海拔747米的顺平、唐县交界的马耳山北麓，转而入唐县界。其中，顺平界内总长约24千米。

长城又在马耳山西南麓唐县一侧半山腰出现，在峒竜乡西峒竜村

西北先为东—西走向，转而成北—南走向。穿过一块平坦的山间盆地，翻过盆地中间一座名为"葫芦山"的突兀山峰。

在西峒村西、上赤城村东的山梁上蜿蜒曲折，总的走向是向西南延伸，进入白合乡上庄村北，顺山坡而下，为公路、村庄所隔断。

长城又在上庄村南偏西的山梁上出现，大致呈北—南走向，在上庄村南约235千米的山梁上呈"曲尺"状蜿蜒。又向西南延伸至大洋乡万里村北山梁上，呈东—西向延至山南庄北梁后向西南延伸，到达西大洋村东山坡上，为西大洋水库所隔断。

长城在西大洋水库南岸雹水乡凤山庄村西山坡上出现，大致呈东北—西南走向。沿山脊前行，在凤山庄村西南约135千米处分为两支。

一支向东南，终止于凤山庄村南的悬崖之上；一支沿西南坡而下，向北沿灌城乡坡上村、南屯村东山梁延伸，到水库南岸山坡上又为水库所隔断。

由灌城以西、以北经调查未见长城遗迹，灌城应是主干城墙的终点。唐县界内长城总长约44千米。

　　除了残缺的城墙遗址，在中山长城的多处遗址中，还有大量的战国文物遗存，这些珍贵的历史文物，为研究我国春秋战国时期的历史文化，提供了重要的资料。

　　另一方面，由于中山国长城是春秋战国时期修建的最短的一段长城，为此，这段长城也被后人称为"战国短长城"。

　　历史上，中山国的前身是北方狄族鲜虞部落，为姬姓白狄，最早时在陕北绥德一带，逐渐转移到太行山区。

　　姬姓是周王族的姓，白狄的来历，有说是周文王后裔毕万公的后裔，也有说是来自周文王封给弟弟虢叔的西虢国。西虢国历代国君世袭兼任周王朝卿士一职，同时又是三公之一，担负为周王朝南征北战、东讨西杀以惩罚不臣的任务，可能是周宣王时期虢国国君虢季子白北御猃狁，在内蒙古萨拉乌素河、榆溪河朔方城之后，其部分后裔就留在陕北了。

　　鲜虞之得名出自鲜虞水，鲜虞水即今源出五台山西南流注于滹沱河的清水河，这一带是鲜虞最早的发祥地。鲜虞的名称最早出现在《国语》一书中。

　　该书记载，公元前774年，太史伯答郑桓公问话时谈到，成周雒阳四周有16个姬姓封国，六个异性诸侯国，还有"非王之支子母弟甥舅"的南蛮、东夷及西北的戎、狄国家或部落集团，其中就有鲜虞。

　　春秋时期的鲜虞部落联盟，由鲜虞、肥、鼓、仇部落名几个部落组成，逐渐开始扩张势力，并在后来形成了中山国。

知识点滴

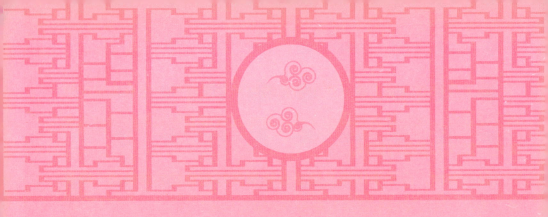

秦国为防侵扰建东北秦长城

　　春秋战国时期，在陕西省北部、甘肃省东部和宁夏回族自治区南部等地区，居住着很多的少数民族，在古代文献中，他们被称作"戎"或"西戎"。

　　早在西周末年时，西戎势力就日益强大，他们协助申侯杀死西周最后一个王——周幽王，颠覆了西周的政权。后来，西周之地的大部分地区都被戎人占据。

　　到春秋初期，从西戎中分出一支，他们率先地接受中原文化，并通过对附近戎人部落的征服，扩大了自己的领土，形成了秦国。

　　据说，秦国刚形成时是比较

落后的一个国家，为此，秦国经常受到魏国的攻击。于是，秦厉公和秦简公先后在黄河和洛水西岸修筑长城，用以自守，史称"堑洛长城"。

按《史记》所载秦厉共公和秦简公修建长城的时间推算，这座堑洛长城的修建目的在于防魏。这便是秦国在战国时期最早修建的一段长城，也是秦国数座长城中的重要长城之一，因为它位于秦国的东边，为此，它又被称为秦东长城。

这段堑洛长城是利用堤岸和岸边山崖改修而成，比较简单。据后来的考古研究证实，这段长城南起于陕西省华阴县东南地区华山脚下小张村，向东北行经华阴庙东北，过沙渠河直达渭河之滨，渭河以北沿洛河南岸向西入蒲城境，过洛河，经商原，在长城村附近过洛河，沿洛河西岸北上，至白水县黄龙山南麓。

后来，在华阴县城东和蒲城县东南等处，还有这段秦长城的遗址。其中，蒲城段长城遗址共发现两处：

一处位于晋城村东北洛河右岸最高处的源头，遗迹为东西走向，长约400米，上夯下堑城墙遗址，基部利用自然地形。

另一处位于晋城村北的一条冲沟的南侧，其夯层清晰、纯净。

这些遗址中发现了大量战国时期的绳纹瓦片、云纹瓦当、生活器皿陶片和陶水槽残体。残存城墙多为下垫上夯，以自然河沟为倚托，用自然河岸堑削为城。

这些发现说明，当年秦东长城就地取材，利用原有长梁地形，上部施以夯筑。它是人与自然的完美结合，因此又称为"堑洛长城"。

在这段长城遗址还有单烽和城上烽，单烽残存高4米至6米，体积庞大，烽顶残留面积为二三十平方米，说明建烽之初均有覆瓦建筑。

据说，秦国自从修建这段长城以后，一天天地变得强大起来，直至进入秦穆公时代，秦国还参与了中原争霸，成为仅次于晋国、楚国、齐国的二等强国。

历史上，秦厉共公曾在公元前454年征讨义渠，并活捉了他们的首领。但这并没有影响义渠戎的势力。

至秦昭王时期，秦昭王决心一定要彻底消灭这伙势力，他多次对义渠戎进行征讨，后来，义渠王虽然逃走了，但是，义渠戎的军队并没有彻底消灭。为了防患于未然，在公元前306年，秦昭王命人在秦国的边界处，修建了秦长城。

关于此事，在《匈奴列传》中，有这样的记载：

秦昭王时，杀义渠戎王于甘泉。遂起兵伐残义渠，于是秦由陇西、北地、上郡，筑长城以拒胡。

这座长城由于规模庞大，再加之修建长城的过程中，秦国一直战事不断，为此，此长城直至公元前251年才完满竣工。

秦昭王命人所筑的这座长城，从甘肃省岷县城西10千米开始，沿洮河东岸，至临洮县境内，复绕县城东行。经渭源，至宁夏回族自治区固原附近，再东经甘肃省环县北，循陕西省志丹、安塞等县境的横山山脉东行。

分两支：一支沿大理河与淮宁河之间的分水岭东行经绥德县西，再往北止于榆林县东南境；一支转向北，经陕西靖边县东，再北折东行，经榆林县东北、神木县北，进入内蒙古自治区南境的伊金霍洛旗，东抵准格尔旗东北的十二连城。整个长城全长约为750千米。

因为这座长城是秦昭王命人始建的，为此，这座长城被称为"秦昭王长城"。又因为这座长城的修建年代是在战国时期，为此，后人们又称它为"战国秦长城"。

这座战国秦长城，由于修建历史年代的久远，再加之后来的秦始皇又重建了部分长城路段，为此，它保留到后来的遗址主要有临洮战国秦长城遗址、渭源战国秦长城遗址和固原战国秦长城遗址等。

其中，临洮战国秦长城遗址首起于县城北15千米的新添乡南坪村

杀王坡，然后由南坪北庄山顶而下，经过长城巷村、峡口乡湾脑、长城岭、八里铺乡、沿川子乡、塔湾乡蔡家岭、尧店乡花麻沟、石家楼乡、杨家山，到长城坡关门前咀，过夹槽梁、老王沟口进入渭源县境，自西向东穿越临洮县40余千米。

这些遗址上的城墙、城障、烽燧全由黄土或砾石混合黄土夯筑而成，夯层清晰可见。虽然风化雨蚀，仍可领略当年的雄姿。

这段长城中，临洮境内保护最好的一段要算长城岭上的那一段。经测量，这段长城长1.7千米，墙高2.5米，顶宽3米，底部宽5米至8米。板筑夯层厚0.08米至0.13米。遗址上的暴露遗物有长达0.7米的筒瓦和长0.6米、宽0.5米的板瓦，其表面有细绳纹和挂板纹饰，皆系秦长城构件。

在秦昭王时期，陇西郡的郡治狄道，便是后来的甘肃临洮，这个地区当时管辖着西至洮河，东至陇山、陇南的大部分地区。

后人为了证明临洮境内的长城便是秦昭王时所筑，有关专家还对长城遗址上出土的板瓦、筒瓦进行了鉴定。

发现这些瓦尺寸、纹饰都不同于秦汉时的瓦，是典型的战国瓦。经此推测，临洮战国秦长城遗址便是属于秦昭王长城的一部分。

据说，临洮秦长城的修筑，对于拱卫陇西郡及保护由秦都咸阳通向西北重镇的通道起了重要作用。同时还有效地保护了洮河以东的农业生产。

在我国历史上的三国时代，它还是控扼陇蜀的战略要塞。239年，蜀将姜维伐魏，扬言要进攻狄道。魏将陈泰先占要塞，姜维只好烧营而去。后来姜维又先后四次率兵围攻狄道，因魏军占领有利地势和要塞，最后只好不战而还。

战国秦长城中的渭源长城遗址西起临洮东三十里铺的杀王坟，从东峪沟长城坡，上阳山，再进入渭源县境内。

经地儿坡、樊家湾、文昌宫、秦王寺、石堡子、陈家洼、方家梁、城壕、高咀山、马家山、下盐滩、阳山等四个乡镇14个村，盘垣37千米，从野狐湾进入陇西县境。

这段古老的长城，大部分地段残高在3米左右，少数地段超过10米，沿城垣起伏，每隔2.5千米有小烽燧，5千米有一大烽燧，雄伟壮观。城垣下夯层清晰，秦瓦遍地。除了临洮秦长城和渭源秦长城，在战国秦长城中，保存较好的还有著名的固原战国秦长城遗址。

这座长城宛如一条巨龙，起自甘肃省临洮县的洮河谷地，途经渭源、陇西、通渭、静宁县，顺葫芦河东岸经北峡口从闫庙进入宁夏回族自治区西吉县。

经黄家岔、玉桥、张结子、好水川口，单民、兴隆镇、谢家东坡、王家湾、韩家堡至将台。在将台以90度的角度转折向东，顺马莲河河谷至马莲水庙出西吉而进入固原县的张易乡，至黄堡东，转折为

东北方向，进入红庄乡。

长城过红庄后进入滴滴沟，出滴滴沟山口后至孙家庄、白家湾，在这里又转折向东，经过吴庄、闫家庄，至明庄西北，便分为两道，形成"内城"和"外城"之分。

内城从明庄过公路，便爬上固原城西北5千米的一道顺向小丘陵上，经郭庄、十里铺过清水河后至沙窝；外城向西北形成一个不规则的弓背状，经乔洼过清水河，过河后再折向东南至沙窝，与内城合二为一。

内城与外城遗迹形成极为鲜明的对比。内城城墙高大、宽厚、完整，城线笔直如划，气势雄伟巍峨。全线约8千米长的内城遗迹保存较完好，除后来的公路及少数后期冲沟穿破外，全线基本上不曾中断。每200米至230米便有一个城墩，垂直高一二十米。

外城已残毁不堪，大部分夷为平地，残留的城墩多为两三米高，

大部分看不到城墙。

长城过沙窝后爬上程儿山，经阳洼以南、中庄乔家沟，上黄水庙、王家嵝岘、黄家庄而出固原县进入彭阳县川口乡的黄湾以北、彭阳乡的姜洼、丰台、阳洼、嵝岘前洼、陡坡子、李岔、城阳乡的瑶湾、白岔、乔渠、长城白马庙、祁家庄、张沟圈、小庄、施坪。从刘家堡子出彭阳县，又进入甘肃省镇原县的孟家塬。

在祁家庄和小庄之间的转弯处，有一节多出长城主线1千米而伸向正南张沟圈村的长城，说明在长城施工之前，曾经有过系统而精心的地理位置勘察，施工中有统一的技术规范要求。但施工时由于政区的分工，两个政区之间并未完全同步施工所致，因此，长城在此处又向东北形成一个90度的转向。

整个固原长城在固原地区境内经过西吉、原州和彭阳两县一区。由甘肃省静宁县进入西吉，途经原州、彭阳等地，取东北方向进入甘肃省镇原县武沟乡，全长200余千米。

这段长城虽然经过了2000多年风雨侵蚀和破坏，但其轮廓犹存，断断续续联成一体。保存较好的有红庄乡的红庄村、西郊乡的长城梁、明庄、郭庄、彭阳的长城塬等段长城。

保存较好段长城残高2米至10米，基宽8米至10米，墙体敌台残高5

米至20米，台面外凸，间距200米。固原秦长城采取复线修筑设防，这种独特形式是我国长城建筑中罕见的。

另外，这段城的筑城方法采用在平地者由墙外取土，自然形成沟壕，相对增加了墙体的高度；在河沟者，利用河沟陡立的崖壁，削壁而成。在长城内侧，还有墩台、城障和较大的城址。

墩台是传递军情的建筑，设在视野宽广的"四顾险要之处"。城址是驻兵储粮之所，是前沿的指挥中心，建在交通要道和险要山口之处。长城、城障、城址构成一个完整的军事建筑体系，显示了古代劳动人民的聪明智慧。

后来，人们为了区别战国时期两个阶段形成的秦长城，又称秦昭王长城为"秦北长城"。

在渭源战国秦长城的脚下，还有一座著名的秦王寺，传说是后来的秦始皇西巡陇西郡郡治狄道时，途经这里住宿一夜，后人为纪念秦皇西巡而修建。

这秦王寺原有寺庙建筑一进三院，雄伟壮观，山门外有戏楼会场，寺后院有一深井，名称："秦王饮马井"，井旁有一棵千年古树，叫"秦王拴马树"，寺内有一口1465年陇、渭、临三县集资筹造的，直径2米、高3米、重2400千克的大钟，这是非常罕见的。

知识点滴

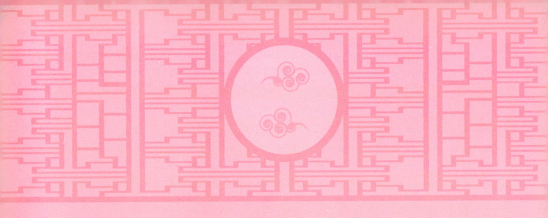

魏国为防御修建东西两长城

在春秋战国时期，魏国是战国七雄之一，国都地处河南省、陕西省境内，为其他列强国家所包围。

公元前4世纪，正当赵国连续几次对中山国进行侵犯的同一时期内，魏国旁边秦国也多次对魏国和秦国交界处阴晋邑等地进行侵犯。

据《史记·魏世家》记载："三十六年，秦侵我阴晋。"

公元前369年，秦国派商鞅打败魏国收复了西河之地，魏惠王下令将都城从安邑，也就是山西省夏县迁至大梁，也就是河南省开封。

此后，为加强西部边境防御，从公元前361年至公元前351年，魏

惠王命人在与秦国接壤的西边地区修筑了长达500千米的河西长城。

关于这段历史，在《史记·秦本纪》记载：

公元前362年，秦攻魏少梁，破魏军，擒魏将公孙痤，为抵抗秦军入侵，魏国于公元前358年，开始在黄河以西与秦交界处修筑长城。

在古籍《水经注》中，也有这样的记载："魏惠王使龙贾率师筑长城于西边。"

而古籍《史记·匈奴列传》中则说："魏有河西上郡，以与戎界边。"

从这里可以看出，当时魏国的河西长城除了防御秦国的骚扰之外，还同时防御旁边的另一国家西戎。

至公元前350年，魏惠王又命人修建了一座保卫国都大梁的河南长

城。关于这段长城，在《后汉书·郡国志》记载："卷有长城，经阳武到密。"

至此，魏国完成了河西长城和河南长城的修建，这两座长城被统一称为魏国长城。

那么，魏国的河西长城具体在什么位置呢？据《水经注》记载："渭水又东，径长城北，长涧水注之，水南出太华之山，侧长城东而北流注于渭水。"

《史记》中也记载："秦孝公元年，楚魏与长城接界，魏筑长城自郑滨洛者也。渭水……西北入长城，城自华山北达于河。魏西界与秦相接，南自华州郑县，西北过渭水，滨洛水东岸，向北有上郡鄜州之地，皆筑长城以界秦境。"

也就是说魏国西长城，南起于陕西省华阴县西南、华山南麓之朝元洞，濒长涧河西岸北抵渭河，过渭河后，再北越洛河，然后循洛河东岸西行，至大荔县许原北之长城村，长达500千米。

这一段长城，据后学者勘察，遗迹一直存在，位置可以肯定。但由长城村向北经由之地，曾有过不少说法，都有一定的文献根据，未能统一。

后来，根据实地勘察情况，认定北段是由长城村经澄城东略向西北，然后转趋东北，延伸至陕西省合阳、韩城境内，抵达黄河西岸。断断续续长达200多千米。而《史记正义》上所说的"北有上郡鄜州之地，皆筑长城"的长城则没有发现。

这段河西长城由黄土夯筑，宽三五米，高五六米，从遗址看出，这段城墙曾经经过多次修缮。

这段长城中，尤以华阴县城东魏长城最为著名，这段长城的遗迹大部分保留在地面上，遗迹共有12处，保存最长的有700米，最宽的20

米，最高的18米。

如朝元洞西北发现一段魏长城计长500米，宽21.6米，高14.1米。南洞村西北发现一段长城计长180米，宽20米，高2.6米。北洞村北有一段长城计长100米，宽15米，高16米。

洪崖村有一段长城计长700米，宽18，高2.2米。党家伙以北有一段魏长城计长550米，宽6米，高18米，这段长城保存比较完整，南北略呈直线。

西关堡以北有一段长城计长700米，宽16米，高8米。风箱城东南有一段魏长城计长500米，宽一两米，高3.8米。

另外，少部分地方因挖土和河水的冲刷破坏，地下已无长城的遗迹。特别是从风箱城以北至渭河一段，地势很低，均为河滩，地上已无长城的遗迹，推断原来风箱城以东至渭河是有魏长城的。

据探测华阴魏长城的起点在朝元洞东南约150米处的华山山麓，东边是长涧河，夯土建筑在距地表约5米的生土上，推断魏长城是利用较高的山麓地势构成的。

华阴魏长城沿着弯弯曲曲的长涧河向北伸延，随着河道的拐弯长城的弧度也较大，有的略呈直线。

至于魏国河南长城位置，据《水经注》上记载可知，这段长城自河南省原阳县旧原武西北处的卷县阴沟开始，经大河故渎东，在阳武跨过阴沟左右二渎，过北济水，南济水，又经管城，往西南至密州市。

也就从河南省旧原武西北，东经原阳县境转向东南再折而向西南过郑州直达密周市境内，全长共约300千米。

据后来的考古工作者考察，此座长城在所经的郑州、密县发现两处遗址。

一处是郑州青龙山长城遗址，为连绵的夯筑岗丘，呈西北东南走向，长约3千米；另一处是位于密县县城西北尖山乡、米村乡的小顶山、香炉山、蜡烛山、五岭山上，南北走向，长约5.8千米，墙基宽2.5米，高2.5米，由青石砌筑而成。

当年，魏国修成河西长城和河南长城以后，本来是想避免秦国的战事骚扰的，然而，秦国和魏国边境的战事却一直不断。

公元前354年，秦国夺取了魏城少梁；公元前352年，秦国又向魏河东发起了进攻，取安邑，即山西夏县；公元前351年，秦国攻下魏国的固阳；公元前340年，秦国主将卫鞅率兵攻打魏军，大破魏军，俘虏魏国大将公子卬，至此，魏国国势渐衰。

至公元前332年，魏惠王将阴晋邑献给秦国以求和，秦方改阴晋为宁秦县。

从这些历史演变中，可以看出，尽管魏国修建了河西长城和河南长城，但魏国并没有因此而变得非常强大，至公元前203年，魏国终被秦国所灭。

虽然魏国在后来不复存在，但从魏长城的遗址上可以看出魏国长城当年宏伟壮观的气势，它在我国的长城史上涂写难以抹杀的一笔。而且，它比著名的秦长城要早100多年。

魏长城遗址有较高的文化研究价值，它是研究我国古代政治、经济、军事、文化的可靠资料和凭证，被列为国家级重点保护文物。

知识点滴

关于魏国河西长城的修筑时间，在我国的历史上，有两种说法，一种是《秦本纪》中称，魏国的长城始建时间是公元前361年；另一种是《魏世家》和《六国年表》中说，魏国的长城始建时间是公元前352年。

这样一来，魏国长城的始建时间便先后相差九年之久，那么，究竟哪一种说法才更接近事实一些呢？

相关学者经研究后认为，《秦本纪》中所指的秦孝公元年是始建时间更接近事实。

因为，在古籍中，在秦孝公元年以前，是没有见到魏国修建河西长城的任何记载的，这就排除了秦孝公元年以前筑有长城的可能性，所剩下的可能性，便是秦孝公元年魏国曾筑有长城，否则就不会有这种记载。

再者，魏国的河西长城的建筑规模本来就很庞大，绝非是一年时间就可以修成的，为此，后人认为，这座长城应该是秦孝公元年开始修筑，前后持续了十年之久。

历代长城

公元前221年，秦始皇统一中国，建立了秦朝，并命人以战国时期燕国、赵国和秦国在北方所筑的长城为基础，修缮和增筑了我国第一条长达万里的长城。

公元前206年，西汉皇帝先后命人筑成了一条全长近10000千米的长城，成为我国历史上第二座万里长城。

从我国古代南北朝开始，先后统治我国北部的北魏、东魏、西魏、北齐、北周，以及以后的辽、金、元等朝代的少数民族统治者，为了防止其他少数民族的侵扰，也不断地修筑长城。

秦始皇为防胡人建万里长城

公元前221年，被后人称为"千古一帝"的秦始皇嬴政，建立我国历史上第一个统一多民族的封建中央集权制国家，实现了我国历史上第一次民族大融合。

作为统一的标志和措施，秦始皇颁布了一系列法令，如废除分封制，设立郡县制，统一了文字、法律、货币、度量衡等。

不过，在大秦帝王将新政权推向全国的过程中，遇到了意想不到的困难，为了获得民众对大秦帝国的认可，安定天下民心，

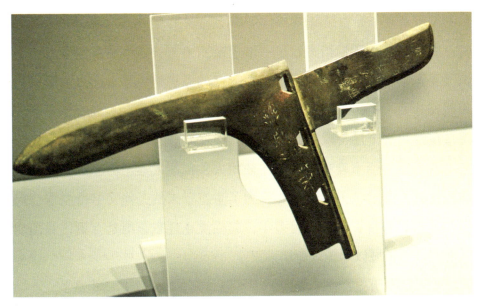

秦始皇在完成统一大业之后的第二年，也就是公元前220年，开始不断地巡游天下。

秦始皇巡游的地点先是选择在秦国境内，试行一年之后，逐步推广到秦国以外的领地。

公元前219年，秦始皇从陕西省咸阳出发，经齐地也就是后来的山东省，到达海边，又转经江苏、湖南、浙江、湖北等地返回咸阳。其行程几乎遍及整个中国。

在秦始皇巡游各地之后，他的思想意识受到很大冲击，思维方式也受到很大影响。因为，秦始皇在巡游后发现，自己最初的领土秦国在战国七雄中处于西部边陲，论武力它可以雄霸天下，但若论发达程度，无论是文化还是经济，却与齐国等中原核心地区相比都有着不小的差距。这些新的发现让秦始皇大开眼界。

不久，当秦始皇回到国都以后，有一个原燕国人卢生来到了秦始皇的身边，对秦始皇介绍"鬼神"之事。从此，这位卢生便作为秦始皇的宠臣留在了始皇的身边。

后来，卢生还带给秦始皇一本《录图书》，这本书上记录着一个惊天秘密："亡秦者胡也"。这个秘密的意思是说，秦国以后的灭亡跟胡人有关。

在得知这个秘密以后，秦始皇立即不安起来，于是，他很快派出自己的大将蒙恬率领30万大军北征胡人，把胡人逐出河套赶到阴山以北。这时，秦始皇仍然不放心，为了防患于未然，他又不惜血本，征用70万劳工修筑长城，历时多年，起临洮止辽东，绵延万里，并把胡人彻底赶到长城以外，以免胡人灭秦。

关于这段历史，在《史记·秦始皇本纪》中有清楚的记载：

三十二年……始皇巡北边，从上郡入，燕人卢生使入海还，以鬼神事，因奏录图书，曰"亡秦者胡也"。始皇乃使将军蒙恬发兵三十万人北击胡，掠取河南地。

三十三年……西北斥逐匈奴，自榆中并河以东，属之阴山，以为四十四县，城河上为塞。又使蒙恬渡河取高阙、阳山、北假中，筑亭障以逐戎人。徙谪，实之初县……

三十四年，适治狱吏不直者，

筑长城及南越地。

另外，在《史记·六国年表》中也有相关的记载：

　　三十三年，筑长城河上，蒙恬将三十万。三十四年，适治狱不直者筑长城。

《史记·蒙恬列传》中也记载：

　　使蒙恬将三十万众，北逐戎狄，收河南，筑长城，因地形用险制塞，起临洮，至辽东，延袤万余里。

由蒙恬将军带人修筑的这条秦长城主要是以燕、赵、秦三国长城为基础修筑的，总长度约为5000多千米。这座长城因为长达万里，所以被后人称为"万里长城"。这座长城大体分为西、中、东三段。

其中，西段长城是凭借黄河天险而成，以障塞城堡为主，不全是互相连属的长城。

而当年横贯甘肃省、宁夏回族自治区南部、陕北、内蒙古的西南至东北向的秦昭王长城已失掉防御作用，所以，后人推断，秦始皇万里长城西段不是建在战国秦长城基础上的。为此，我国考古学者们认为，此段长城遗址还有待进一步考察证实。

　　长城中段，大致走向自东经114度以西至106度之间，沿北纬41度左右，由内蒙古自治区兴和县北经黄旗海北岸，绕过集宁北境。顺大青山而西，经察右中旗，武川县南部的南乌兰不浪，固阳县北部的大庙、银号、西斗铺，然后北依阴山，南障黄河后套，经五原、杭锦后旗北境，西抵乌兰布和沙漠北缘。

　　这段长城部分利用了战国赵北线长城的基础，但更多的是由蒙恬将军命人在秦始皇时期筑成的。

　　此段长城建筑基本依托大青山和阴山，多用毛石块垒砌。后来，我国的文物工作者在阴山北麓，考察了一处长450千米的秦始皇长城。

　　长城东端在呼和浩特北郊的坡根底村与赵长城相衔接，向北偏西方向，翻越阴山到武川的什尔登古城，沿大青山北麓至固阳县空村山，阿塔山北麓，再向色尔腾山的中支查尔泰山北麓西行。

　　在乌拉特中旗沿狼山南支的北麓逶迤而西，直至临河北的石兰计

山口，保存好的地段长城一般高五六米，顶宽三米；隔一两千米有一小烽火台，隔五千米有一座大烽火台和驻军营盘。

在乌拉特中旗南部还发现用石块垒砌的墙面有多次修缮的痕迹，基宽四米，高达四五米。

沿长城内外，在连绵的山巅上，还有用石块垒成供传递军情用的史称"烽燧""亭燧""烟墩"的烽火台，山谷间的通道则构筑了一系列史称"障塞"的城堡。

在固阳县银号乡见到的秦始皇长城，用大型方整的石块砌里外两壁，中间填以小块石头，墙面平整坚固，这里的长城用黑褐色的石片砌筑，外侧残高约三五米，内侧一两米，顶宽两米左右。

此外，在固阳县境内，还有一处横穿固阳三个乡镇，长达120千米的万里长城遗址。

这段长城多半修筑在山峦的阴面半坡上，依山就险、因坡取势、

就地取材。保存较为完好的秦长城是固阳县九分子乡那一段，长约12千米，城墙外侧有5米高，内侧有2米高，顶宽2.8米，底宽3.1米，墙体多以黑褐色厚石片交错叠压垒砌而成。

从这段遗址还可以看到，筑长城的民工和驻兵是把附近的山石一块块切割下来，磨平后干砌在城上，每块石块重的约有二三十千克，轻的约有四五千克，这样干砌起来的长城，历经千年而不塌。

历经2200多年的风吹日晒、雨雪冲刷，长城石块原来所用的青色、半黄色石料，至后来，表面已蒙上了一层黑色、棕黑色的氧化物。站在高处，依然可见这段秦长城顺山势上下。

在城墙内侧，每隔1千米设一座烽火台。固阳段内共有烽火台四座，也都以石块干砌而成，成为著名的烽燧遗址。

烽火台多设在视野宽广的山巅，与长城垂直距离。离烽火台不远的高地上，有房子坍塌后留下的石墙券遗迹。这乃是驻兵的哨所。

史料记载的用木料泥土毡做的房顶早已不存，但看到这些供驻兵戍守用的房子遗迹，人们会很自然地和史书上长城"亭"的建制联系起来。

在重要的山口和关隘处，往往有城障，城障是附属于长城的军事城堡。在秦长城内外，常可觅得秦国至西汉初年的陶片。

在色尔腾山的高处，有一座高耸的汉代名将卫青的雕像，是后人为纪念他在此地打败入侵的匈奴而建造的。

在这段秦长城约3千米的内侧，朝南凿刻着百余幅阴山岩画，有北山羊、骆驼、驼鹿、舞者、骑士等，还有突厥文形的符号，造型生动，形象逼真。

这些岩画对于研究我国古代北方游牧民族经济文化具有重要价值。

这些岩画多以简练流畅的线条勾画形象。有幅岩画画了一只山羊，长角弯曲，身体肥壮，短尾上翘，呈静立状态；另一幅岩画描绘

了一个牧人放牧的情景，牧人策马前行，举臂向后，仿佛在呼唤身后的山羊，具有浓厚的北方游牧民族的生活气息。

据说，这些作品可能是修长城工匠和驻军在修筑长城时的业余时间创作的。在秦长城附近，还有蒙恬大将的点将台、匈奴万箭穿石处等历史遗迹。

万里长城东段，大致走向自东经114度内蒙古化德县境，沿北纬42度往东经过河北省康保县、内蒙古自治区太仆寺旗、多伦县南、河北丰宁、围场县北、内蒙古自治区赤峰北境及奈曼与库伦旗南境、辽宁省阜新市北，至东经122度之间。

这段长城或沿用战国燕北长城旧迹或是由蒙恬将军命人在秦始皇时期筑成。

辽河以东，据文献记载，秦始皇长城一直延伸至朝鲜境内平壤大同江北岸，但后来的考古学者并未发现其明显遗存。

辽河以西的长城中，据后来的文物考古工作者考察认为，秦始皇万里长城要比燕北长城靠北，过去称为康保三道边即由内蒙古化德、康保东去和赤峰最北面一道长城是秦始皇时期所筑。

在这东段万里长城中，保存到后来的还有一段在包头境内，累计长度约为120千米的秦长城遗址。

这段长城多半修筑在山峦北坡，依山就险、因坡取势，山谷隘口及平川地带多用夯土筑成，山地则多用石砌或土石混筑，一般石砌长城遗迹保存尚好。

后来存在的遗迹一般为外壁高度在4米以上，基宽4米，顶宽2米左右。站在高处，依然可见长城顺着山势上下，状若游龙，每隔一段尚能辨清古代烽火和障城的遗迹。

在包头秦长城内外，还有八九座古城遗址，其中，还可以找到秦国至西汉初年的陶片。

此外，在秦始皇长城东段沿线处，还有许多城池、障和烽火台一类的防御建筑设施。

如赤峰、围场、丰宁一带的秦始皇长城，建在山岭上的取自然石块垒砌。方法是内外两侧用较规整的自然大石块，中间填以乱石碎块

或砾石，基宽一般为两三米，横断面呈梯形，下宽上窄，估计当时城墙高度约三四米，顶宽1米左右。

在石筑城墙残基上，有的地段还有明显的接痕墙缝，这些充分证明当时筑造长城是按地区分段施工的。

在敖汉旗以东一段长城建在丘陵间，则多为以土夯筑或土石并用。

从秦始皇长城的遗址上看，秦代的万里长城"因地形、用险制塞"，表现在长城大多建在山梁上，而且内侧为缓坡。

在长城穿越河谷的地段，或以沟堑代替墙壁，或在河谷一侧增筑一段平行的墙壁，两山之间则用天然石块砌成石墙，形成"石门"。

有的还开有"水门"，在长城穿越山谷要道的地方，往往于深入山口处的陡立峡谷中切断山路，筑起一条如同封山水库大坝一样的石筑或土石混筑的"当路塞"，并在"当路塞"的侧旁修建城堡。

历史上，秦始皇修建这条万里长城是为了永葆"子孙帝王万世之业"的，但是，就在这条万里长城建成后没几年，秦始皇就病死在一次寻求长生不老药的途中。

后来，由于种种原因，秦国在秦始皇死去后不久便走向了灭亡。

秦朝灭亡了，但秦始皇修的万里长城却作为我国第一次大统一的象征留存了下来。秦长城不仅在构筑方法上有自己的风格，而且在防御设施的建制上也有一定的特色。

秦长城以石筑见称，雄伟壮观，汉代沿用，是我们中华民族的瑰宝，也是世界建筑史上的奇迹，更是我们中华民族辉煌历史、灿烂文化的象征。

知识点滴

在固阳县秦长城红石板沟段有一处豁口，关于这段豁口的来历，传说和一个叫作孟姜女的有关。

相传，这位孟姜女是杞梁的新婚妻子。在他们两人的新婚之日，由于秦国要修建长城，官兵便把杞梁叫去修长城了。

后来，孟姜女历经千辛万苦去修长城的地方寻找自己的丈夫，却发现，杞梁已经死在了长城上。

孟姜女非常伤心，便在那段长城上哭了起来。结果，那段长城便轰然倒塌。这便是红石板沟那段长城豁口的来历。

不过，关于孟姜女的传说，也有一种说法说是发生在战国时期的齐国。但不论这件事发生在哪个朝代，有一点可以肯定的是，这个故事再现了当时数十万劳工筑长城时风餐露宿，艰难地开山凿石的苦难和牺牲，再现了我中华民族的伟大创造，也控诉了封建社会统治者为维护其封建统治对社会底层残酷的压榨，由无数白骨堆砌的长城是一部血泪史。

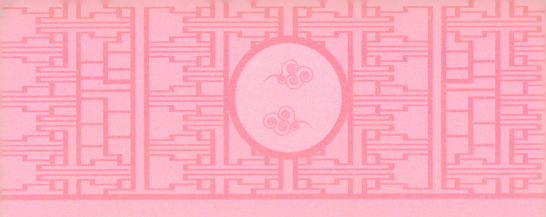

汉代时修成第二座万里长城

公元前202年，汉高祖刘邦称帝，建立了汉朝。

第二年，为了巩固汉朝根基，刘邦下令修缮了秦昭王时所筑的秦昭王长城。

据《史记·高祖本纪》记载："置陇西、北地，上郡、渭南、河上、中地郡；关外置河南郡。更立韩太尉信为韩王。诸将以万人若以一郡降者封万户。缮治河上塞。"

一年后，北方的匈奴进攻马邑，也就是山西省朔县东北地区。

因汉将韩信投降，匈奴南下雁门，围攻太原。刘邦亲率32万大军迎战，却被围困于今山西省大同东北的

白登山上达七日之久。最后，刘邦采用了陈平的计策，才得以突围。

此后，在惠帝、吕后、文帝和景帝的六七十年间，汉代都对匈奴都采取和亲政策。

同时，在汉代文帝和景帝的治理期间，汉朝经历了"文景之治"，变得一天比一天强大。但是，与此同时，北方的匈奴势力也越来越强大，常侵犯汉朝河西一带，劫掠财粮牲畜，骚扰汉民农耕。这让汉朝子民很生气。

公元前140年，汉武帝刘彻即位，为使汉朝边疆得到安宁，汉武帝毅然采取积极防御的战略方针，以攻为守，主动出击。

公元前133年，汉武帝派马邑人聂壹，引诱匈奴单于取马邑，又命大将李广、韩安国等率兵30余万埋伏于城外，俟机出击。可惜的是，汉武帝的这一策略被匈奴识破，匈奴带着兵马逃走了。

之后，汉武帝又多次采取大规模的军事行动进行西征。打败匈奴

后，他开始向河西迁徙汉族居民，然后进行农业开发，紧接着在这里驻扎军队，修筑长城，以阻止匈奴的再次入侵。

据历史文献记载，汉武帝派兵修筑汉代长城事件大体可以分为五次，其中大规模修建的就有四次。

第一次是公元前130年，汉代将士在第一次北击匈奴前三年，武帝"发卒万人治雁门阻险"。这是对北击匈奴所做的准备工作。

但汉代军士真正较大规模地修筑长城当属公元前127年。在这一年，汉武帝发动了漠南之战，派两路大军北征匈奴，一路由将军李息率领出代郡向东吸引匈奴主力；另一路由将军卫青率领出云中向西突袭匈奴右部。

卫青领兵出云中之后，沿着黄河向西横扫直至陇西，夺取了具有战略意义的河套地区。汉武帝又采纳主父偃的建议，在河套地区设立朔方郡，徙民10万人居住。

又命苏建调集10万人筑朔方城和修缮旧时秦万里长城。

据《史记、匈奴列传》记载：

其明年卫青复出云中以西至陇西，击胡之楼烦、白羊王于河南，得胡首虏数千，牛羊百余万。

于是汉遂取河南地，筑朔方，复缮故秦时蒙恬所为塞，因河为固。

而这里的"明年"，便是指公元前127年。

第二次是公元前121年，汉武帝发动了河西之战，派骠骑将军霍去病第二次出奇兵，消灭匈奴40000多人，又接收归降的40000多人，打垮了匈奴右部势力，夺取了又一战略要地河西走廊。

此后，汉武帝依旧移民设郡，筑塞布防，于公元前121年设置武威、酒泉两郡并开始建造东起令居，即甘肃省永登县境内黄河西岸，沿河西走廊，西达酒泉北部金塔县的"令居塞"长城。

关于这次修长城，《汉书·张骞传》记载："汉始筑令居以西，初置酒泉郡，以通西北国。"

在《汉书·张骞传》也有相关的记载："令居，县名也，属金城。筑塞西至酒泉也。"

这段长城便是汉代河西长城的第一段，这也是汉武帝时期的第二次较大规模地修筑长城。

第三次是公元前119年，汉武帝发动了漠北之战，派大将军卫青率50000骑兵出定襄，骠骑将军霍去病率50000骑兵出代郡。

卫青打败匈奴左贤王直攻漠北。在狼居胥山，即蒙古肯特山筑坛祭天，在姑衍即狼胥山西边之山辟场祭地，临瀚海，即俄罗斯贝加尔湖而还。

此次战争迫使匈奴大部退出今内蒙古自治区东部地区，"是后匈奴远遁，而漠南无王庭"。西汉王朝随之迁乌桓人到边塞地区作为防御匈奴的屏障，并开始修缮利用秦始皇始建的万里长城。这也是汉武帝时期的第三次较大规模地修筑长城。

第四次是公元前111年至公元前110年间所筑由酒泉西至玉门关这段长城。

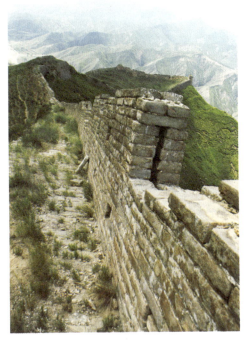

据《史记·大宛列传》记载，公元前111年，汉武帝令从骠侯赵破奴大破匈奴，在河西走廊增设张掖、敦煌两郡，"于是酒泉亭障至玉门矣。"

据《汉书·张骞传》记载，公元前110年，汉武帝又令赵破奴同王恢"击破姑师，虏楼兰王。酒泉列亭障至玉门矣。"

据此两次历史记载可以断定，此段长城的建筑年代当在公

元前111年至公元前110年之间，这便是汉代河西长城的第二段。

第五次是从公元前104年至公元前101年间，修筑由玉门至新疆维吾尔自治区罗布泊的长城。这也是汉武帝时期的最后一次较大规模地修筑长城。

公元前104年，汉武帝又派贰师将军李广利伐大宛之后，修筑了从敦煌西即玉门至盐泽也称"蒲昌海"的长城。

据《史记·大宛列传》记载："敦煌置酒泉都尉；西至盐水，往往有亭。"

在古书《汉书·西城传》也有相关的记载：

自贰师将军伐大宛之后，西域震惧，多遣使来贡献，汉使西域者益得职。于是自敦煌西至盐泽，往往起亭。

书中提到的这段长城便是汉代河西长城的第三段。

自此，汉武帝在公元前121年至公元前101年，历经20年，终于修通了长达10000多千米的河西长城，并沿路筑起烽燧亭障，以保障这条被后世称为"丝绸之路"的交通大道的畅通无阻。

这座长城东起辽东，西至盐泽，全长为10000多千米，其工程规模之大，远在秦代长城之上，为此，后人把这座长城称为我国最长的一座长城。

西汉河西长城是随着河西四郡的建立而建立的，它对促进这一地区转变为农业区，为西汉势力进入西域及开辟和保护中西交通要道丝绸之路都具有重要的意义。

在汉代，除了汉武帝命人修建的著名的河西长城，在酒泉北向至阴山，还建造了汉外长城，这样就把河套地区和河西地区置在了双层长城的防线之内。

《汉书·匈奴传》记载："汉使光禄徐自为出五原塞数百里，远者千里，筑城障列亭到卢朐，而使游击将军韩说、长平侯卫伉屯其旁，使强弩都尉路博德筑居延泽上。"

《汉书·地理志》颜师古注："武帝使伏波将军路博德筑遮虏障于居延城。"

这座汉外长城的始建时间大约在公元前102年，被称为"塞外列城"，又称"光禄塞"或者"光禄城"。

这座长城大致东起内蒙古自治区固阳县北，西北行经达茂联合旗、乌拉特中旗和后旗，穿越蒙古国南境西行，向内蒙古额济纳旗地区延伸。

汉武帝以后，西汉王朝对长城防御系统工程也有新筑，主要集中于汉昭帝及汉宣帝时期。

汉昭帝时修筑的主要为东段汉长城。据《汉书·昭帝记》记载："元凤六年春正月，募郡国徒筑辽东玄菟城。"

这里的"元凤六年"，即是指公元前75年，而"玄菟城"则指后来的朝鲜北部清川江出海处的番汗附近。

汉昭帝以后，汉宣帝继续筑城屯戍，对西域进行有效管理。公元前67年，汉宣帝派侍郎郑吉在渠犁筑城屯田。

公元前60年，汉宣帝又任郑吉为都护西域骑都尉，设置西域都护府于乌垒城，以管理西域乌孙、大宛、康居、桃槐、疏勒、无雷等36个属国，以后西域属国发展为50个。

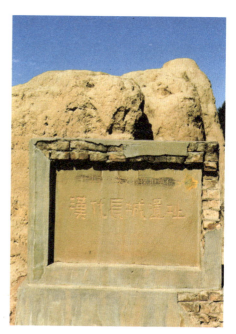

汉代修建的这几座长城，保存到后来，留下了很多的长城遗址，其中，位于河西走廊西端的甘肃省安西境内的汉长城有150千米，烽燧70座，城障三处。

这段长城东起甘肃玉门蘑菇滩，沿甘新公路南侧，疏勒河北岸，逶迤向西，与甘肃敦煌境内的西碱墩相连。

这些汉长城及沿线的城障烽燧，是汉代河西完整的军事防御体系的重要组成部分，也是西汉王朝构建河西乃至整个北方防御工程的历史缩影。虽经千百年来的风雨剥蚀，仍然巍然屹立在戈壁荒漠中，堪称中国保存最为完好的汉长城之一。

在这段长城中，玉门关境内的汉代长城遗址，历经了几千年的风雨侵蚀，虽然失去了原有的雄伟风貌，但仍依稀可辨其大致轮廓。

这段汉代长城，全长70多千米，保存较完整的一段约20千米。最高部分约有2.3米，最低部分则只有0.3米。

这座汉长城，若以红柳层计算，最高部分有七层，最高处约2.5米，最厚处约4米，每层红柳厚约0.2米，砂石和土层最厚处约2米，红柳层上下有芨芨草，厚约0.1米，最顶部的积砂层厚约0.4米。它是河西

走廊汉代长城遗址中保存最完好的地段之一。这段以砂石、红柳和黄土为主要用料的古长城，虽然历经了几千年的风雨侵蚀，失去了原有的雄伟风貌，但大致轮廓仍依稀可辨。

在这段长城附近还有一处著名的敦煌汉长城遗址。这里的长城结构并无砖石，因地制宜，就地取材建造。

因为，在我国的敦煌北湖、西湖一带，生长着大片红柳、芦苇、罗布麻、胡杨树等植物。古人在修建长城时，就用这些植物的枝条为地基，上铺土、砂砾石再夹芦苇层层夯筑而成。以此分段修筑，相连为墙。长城内则在低洼地铺盖细沙，称为"天田"，以观察脚印之用，是一种防御措施。

在这条长城沿线，每隔5千米左右还筑有烽燧一座。这就是古籍中所写的"十里一大墩，五里一小墩"的烽火台。

每座烽燧都有戍卒把守，遇有敌情，白天煨烟，夜晚举火，点燃报警，传递消息，所燃烟火远在约为5千米外都能看到。

敦煌境内的烽燧约有80多座，玉门关西湖一带保存得最为完整。汉代烽燧多呈底宽上窄的方柱形，主要建在长城内侧。

筑造结构主要有三种：一是用黄胶土夯筑而成；二是用天然板土、石块夹红柳、胡杨枝垒筑而成；三是用土坯夹芦苇砌筑而成。

烽燧大都建在较高的地方，一般都高达7米以上。有的残高10米左右。烽燧顶部，四边筑有不高的女墙，形成一间小屋。有的顶部后来还可以见到屋顶塌陷的遗迹和残木柱等。

古代的烽燧大的叫"障"，小的叫"亭"，主要起举火报警、传递消息的作用。汉代烽火信号标志有五类，可分为烽、表、烟、苣火和积薪。其中前三种主昼，苣火主夜，积薪昼夜兼用。

这五类烽火信号，并非各自孤立使用，一般是根据敌情组合使用。例如，有敌情10人以上者，白天点一堆积薪，举两烽；夜间点一堆积薪，点亮苣火。500人以上者，白天点两堆积薪，举三烽；夜间点两堆积薪，点三苣火。

在古代用这种方法传递军情，比马跑的速度要快得多。从敦煌至长安用马传递需要15天左右，用点烽燧传递只需要三天两夜就可到达，这是古代人民了不起的创举。

除这两段长城，在我国的河北省承德境内、甘肃省金塔县和内蒙古自治区阴山以北的乌拉特草原等地，还有几处著名的汉长城遗址。

承德汉长城主要分布于丰宁、滦平、隆化、承德四县。以相当于县、都尉治所形成的城址为中心，辅以亭、障设施，与沿河川修筑的多路烽燧相连，仅少数地段筑有长城墙体，长城墙体与多路烽燧结合，形成了一套完整的军事防御体系。

金塔县汉代长城遗址位于金塔县大庄子乡北山南麓的山脉间，长城呈东西走向，东起花庄墩烽火台，西至北海子烽火台。

乌拉特草原上的汉长城遗址，近似弧形并向西北方向延伸，相对垂直间距为10千米至80千米。

南边的一座长城从乌中旗新忽热苏木东北20千米处进入巴盟。总体沿西北方向，经乌兰苏木的乌兰呼热，过川井苏木，经沃博尔呼热和阿尔呼热入乌拉特后旗巴音前达门苏木境内，经宝音图、乌力吉苏木西北入蒙古人民共和国，在巴盟境内长约300千米。

北边的一座长城从乌中旗巴音苏木的巴音圆囵东37千米处入巴盟境内。

沿西北方向经敦达乌苏，转西经巴音杭盖苏木、过伊很查干入乌后旗，经巴音前达门苏木巴音查干向西南入宝音图苏木，再向西南入乌力吉苏木，复转向西北，经乌力吉苏木的沙尔扎塔、呼伦陶力盖西北入蒙古人民共和国境内，在巴盟境内长约280千米。

我国后来的考古学者们多称北边的一条为"汉外长城"，南边的一条为"汉内长城"。这两座长城和赵秦长城在构筑方式上不同。

赵秦长城因山崖、沟壑据险而筑，几乎全部用石头筑成；而汉外长城和汉内长城多在草原通过，一般无险依，无石可用，只好夯土为墙。经2000多年风雨寒暑，遗址高度多在一米左右，宽约4米至8米，许多地段被后人当作道路使用。

这两座长城个别地段用石头筑成或外筑石内包土，在乌拉特后旗乌力吉苏木北15千米处为筑石包土的长城。

从其整个建筑形式来看，汉代的长城是采取了因地制宜的办法，因山河形势，就地取材。在一些地段夯筑了塞墙，在一些地段则开挖了壕沟，一些地段是纯粹的自然屏障，而一些地段则又是简易的烽台与栏栅式的防御工事。

当年，汉朝花如此大的力气修筑长城，除了军事上的防御之外，汉长城的西部还起着开发西域屯田、保护通往中亚的交通大道"丝绸之路"的作用。

其中，西汉所筑河西长城、亭障、列城、烽燧，有力地阻止了匈奴的进犯，对发展西域诸属国的农牧业生产，促进社会的进步，特别是对打通与西方国家的交通，发展同欧亚各国的经济贸易、文化交流起了重大的作用。两千年前，我国的丝织品即是通过这条"丝绸之路"经康居、安息、叙利亚而达于地中海沿岸各国的，在国际市场上享有很高的声誉。这条"丝绸之路"从长安出发远及两万多里。在汉王朝管辖地区就有5000千米以上。

从这些遗址及古墓葬之中，曾发现了自西汉以来的许多木简、丝帛文书、印章和丝织品。当时西方国家的毛织品、葡萄、瓜果等也沿着这条"丝绸之路"万里长途输入到长安和东南郡县。在文化艺术上也通过这条大道得到了交流。这条大道上长城、亭障、列城、烽燧正是起到了保护这一条漫长的国际干道安全的作用。

沧桑巨变，经历2000多年的风雨剥蚀、风沙掩埋与人为破坏，这些长城已大多面目全非。或被夷为平地，踪迹无寻；或颓为田埂、浅沟，已失却往日的风采。唯有那残迹犹存的烽台，在向人们诉说着汉塞的走向与历史。

我国汉朝皇帝花大力气修筑万里长城，除了军事上的防御之外，汉长城的西部还起着开发西域屯田、保护通往中亚的交通大道"丝绸之路"的作用。

在2000年前，我国的丝织品便是通过这条"丝绸之路"经康居、安息、叙利亚而达于地中海沿岸各国的，在国际市场上享有很高的声誉。

这条"丝绸之路"从长安出发远及5000多千米。在汉王朝管辖地区就有一万里以上。当时分作南北两路：南路从敦煌经楼兰、于阗、莎车、疏勒、桃槐、贵山城、贰师城而达大月氏、安息，再往西达于条支、大秦。北路从敦煌经车师前王廷、焉栖、龟兹在疏勒与南路相合。

就在这条东起武威、居延，西至疏勒以西我国境内的万里古路上，2000多年前汉代修筑的长城、亭障、列城、烽燧的遗址，一直巍然耸立。从这些遗址及古墓葬中，曾发现了自西汉以来的许多木简、丝帛文书、印章和丝织品。这些古老的文物为我国研究古文化提供了重要的依据。

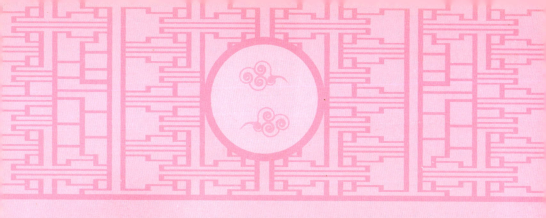

北魏为防柔然建成两座长城

汉代以后，我国的历史进入了南北朝时期，在这个时期，继匈奴之后于北方发展起来的鲜卑人在入主中原后建立起南北朝时期北朝的第一个朝代北魏，又称"拓跋魏"。当时，在北魏北部边境分布着柔然、契丹等游牧民族。

为此，北魏为了防御北方的柔然而修筑了赤城阴山长城和畿上塞围两座长城。其中，赤城阴山长城便是423年始建的。据《魏书·太宗纪》记载：

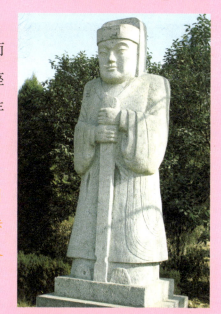

泰常八年，蠕蠕犯塞，二月戊辰，筑长城于长川之南，起自赤城，西至五原，延袤二千余里，备置戍卫。

这里的"泰常八年"便是423年，而"蠕蠕"，就是柔然，史书上也有称"柔蠕""芮芮""茹茹"，茹茹是柔然民族的自称。

柔然本为东胡族的支属，由鲜卑人和匈奴人后裔构成，于402年建立政权。此后活动区域不断扩大，并不断侵扰北魏，北魏太祖道武帝和太宗明元帝曾多次对其用兵。

为防御柔然和防备东北部契丹的袭扰，北魏明元帝仿效秦汉王朝防御匈奴的办法，于423年，在河北省北部的内蒙古自治区草原上修筑了一座长城，它东起今河北省赤城东北，经张北、尚义、入内蒙古自治区化德、商都、察右后旗、察右中旗、四子王旗、武川、固阳、再西入阴山之中，长度为1000多千米。

北魏明元帝亲眼看见这座长城修筑完成后就去世了，他的继承者北魏太武帝拓跋焘为了加强对北境的防御，又在长城一线设置六个军镇，并在各镇的要害处派重兵把守。

在北魏时期修建畿上塞围，意为围绕京城地方修筑的防御工程。

当时，柔然征服了突厥，势力又逐渐强盛起来。这时，北魏已完成了北方的统一，为了解除柔然的威胁，开始致力于巩固北部的边防。

太武帝于446年农历六月"丙戌，发司、幽、定、冀四州十万人，筑畿上塞围。起上谷，西至于河，广袤皆千里"。

这里的长城施工时间很明确，历时一年半多时间。"上谷"是古代的郡名，其实就是后来的北京延庆县城，长城东端应在该县南的军都山八达岭上。"河"是黄河的简称，也就是后来山西偏关县西境的河段。

为此，北魏畿上塞围长城的走向是：自延庆南境的八达岭趋向西南，跨越小五台山、蔚县和涞源两县间的黑石岭入山西省，过灵丘县境的沙河源头天门关，转西循恒山过今浑源、应县之地，代县的雁门关，转趋西北过宁武县阳方口的楼烦关、神池、朔县诸地，沿偏关河而西止于黄河东岸。其平面布局略呈向南凸起的弧形，围护着北魏京都的东、南、西三面，称作"塞围"。

除了这两座长城，在北魏时期，后来的魏孝文帝还在484年，以及魏宣武帝时期的504年，对北魏早年间修建的赤城阴山长城进行过一些修整。由于北魏的长城修建的规模较小，到后来已经很难找到相关的遗址了。

知识点滴

历史上，北魏太武帝拓跋焘为赤城阴山长城设置的六个军镇，在北魏前期，其地位很高，因其作用是拱卫首都平城。

多以"良家子弟"戍守，镇将往往升相位。随着柔然对北魏威胁减弱和魏孝文帝迁都洛阳，六镇地位下降，导致后来逐渐荒废。但后来北齐、北周统治集团人物还多出于六镇。

同时，北魏还于孝文帝太和年间增建了御夷镇，初期镇治所在河北省沽源县东北，后来迁移到独石口一带。据《水经·沽水注》载，御夷"城在居庸县北二百里，故名'云侯囱'，太和中更名御夷镇"。御夷镇也是靠近长城设置的。

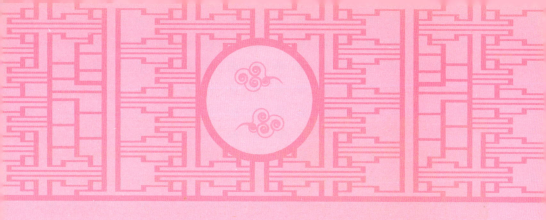

东魏为防西魏建成肆州长城

534年，北魏权臣高欢所立的皇帝北魏孝武帝元修不愿做傀儡皇帝，被迫逃往关中投奔关陇军阀宇文泰。

孝武帝出走，北魏便没有了皇帝，于是高欢便在同一年拥立年仅11岁的北魏孝文帝的曾孙元善见为帝。

这样一来，北魏便同时出现了元善见和元修两位皇帝，于是，北魏便一分为二，分裂成东魏和西魏两个小国。

本来，在北魏孝文帝时，北魏的都城是迁到洛阳的，东魏建立后，高欢又把都城迁到了邺城。但高欢于晋阳建大丞相府，遥控东魏政务，史谓"军国政务，皆

归相府"。为此，太原才是东魏事实上的政治军事中心。

东魏建立后，西面与南面基本上以黄河及河南省洛阳一线与西魏为界，为了争夺土地与人口，战事不断；北面山胡、茹茹、柔然等族也不断南下骚扰东魏。

于是，在543年时，权臣高欢召集50000多民夫，费时40多天，在战略地位十分重要的管涔山与恒山两大山系的相连处，修筑了一座长城，历史称之为"肆州长城"。

关于这段历史，在《魏书·孝静帝纪》记载：

东魏武定元年秋八月……齐献武王召夫五万于肆州北山筑城，西自马陵戍，东至土隥。四十日罢。

同时，《资治通鉴》中记载说："梁大同九年，即东魏武定元年，东魏丞相欢筑长城于肆州北山西自马陵，东至土隥，四十日罢。"

这里的"东魏武定元年"便是543年，而"齐献武王"便是当时东魏的权臣高欢。"肆州"则是后来的山西省忻县，"马陵戍"则是后来的山西省静乐北汾水之源，"土隥戍"便是后来的山西省代县峪阳镇西北，其地正在恒山山脉中。

这道肆州长城是防西魏与柔然联兵以进攻东魏的，长城起于山西省静乐县，止于山西省代县峪阳镇，其长度约为150千米。主要分布于宁武县、原平境内的六个乡内，大体呈东西走向，后来的遗迹实际长度约为60千米。

其中，宁武县段长城遗址起自距宁武县城西7.2千米处的榆庄乡榆树坪村。

然后顺管涔山东坡下行至苗庄村与苗庄城址北墙相连，又跨越恢河，沿凤凰山西坡而上，经东坝沟、东庄乡三张庄后村，并于三张庄村东5千米处进入原平。境内大体呈东西向分布，全长约18千米。

榆树坪至苗庄村段，墙体以土夯为主，因风雨侵蚀和人为破坏，损毁严重，墙体多已不存，遗迹却很明显，部分残段现存高为一米。

苗庄村至东坝沟村段，墙体以砂岩质片石垒砌，墙大部分坍塌，只有在东坝沟村东北600米处约有60米保存较为完好。当地人称"石碣边墙"，残高约为1.4米，顶宽3米。

东坝沟村经三张庄村至原平市段，墙体多以砂岩片石构筑，部分段落为土夯，大部分墙体两侧的石片已经剥落，但主体保存尚好，残高一两米，顶宽两米。在长城遗址内外两侧还有三处障城遗址。

第一处是三张庄后村障城，位于三张庄后村西北500多米，北距长城5米至10米，长约150米，宽80米，仅存基址。

第二处是阎王壁障城遗址，位于三张庄后村东北800多米，西距三张庄后村障城约1千米。砂岩片石构筑，呈不规则四边形，处于长城遗址外侧，南墙借长城墙体。

东墙体长约15米，残高约为3米，顶宽2米；西墙体长约25米，残高约为2.4米，顶宽2米；南墙体长约20米，残高约为1.5米，顶宽2米；北墙体长约22米，残高约为1.8米，顶宽2.2米。

南高北低，东、西墙体保存尚好。

第三处是尖山峁障城遗址，西距阎王壁障城5千米左右，位于长城内侧，北、东两墙体借长城遗址。略呈长方形，东西长约120米，南北宽约60米，北高南低。

南墙墙体已不存，西墙墙体残损严重，残高约为1米，顶宽2.3米。北、东墙体残高1.5米，顶宽2米。

原平市段东魏长城遗址于宁武县东庄乡三张庄后村向东5.5千米延入原平，经后口、龙宫、段家堡、官地等四个乡，于官地乡黑峪村北300米处止。境内约长43千米，大体呈东西走向。

后口乡段长城遗址自北梁村西1千米处开始，东经北梁村、白草窊

村、糜子洼村、长畛村、于长畛村南100米越无名河、北同蒲铁路，又经四十亩村，进入龙宫乡界。大体呈东西走向，只有四十亩村附近局部南折，全长约为19千米。

此段长城的墙体多为片石构筑，只有在糜子洼东北的西梁、长畛村西1.5千米处的南梁等段落为土夯。石筑墙体两侧的垒砌石片大部分剥落，遗址主体个别地段保存较好，现保存于地面的残段最高约为3米，顶宽1.5米至3米，基宽3米至6.5米。

长畛村西300米处的南梁长城遗址上有一座棱台形烽燧，残高约为一米，基底呈长宽各五米，顶部呈长宽各2米，砂质片石构筑。

龙宫乡大立石村至段家堡乡南土妥村段长城遗址由四十亩村南入龙宫乡大立石村，又东行经陡沟村、段家堡乡下马铺村、西庄头村、南土妥村，并于南土妥村南500米越阳坡河东入官地乡。全长约为17千米，大体呈东西向。

该段长城遗址有一个特别之处，墙体剖面包含有多层木炭灰及木炭，墙体表面大多凝结成块状，个别块状上有褐色或淡绿色玻璃质晶体，火烧痕迹明显，在当地百姓中流传有火烧边墙的传说。

东魏长城的官地乡黑峪村段遗址开始于村西南2千米，局部北折，于黑峪村北的山梁上，约长3.5千米，大体呈南北向。墙体一半为土夯，一半为片石构筑，损毁严重，残段高约1米。

这些保存下来的东魏长城遗迹，为后人研究东魏文化和历史提供了重要的依据。

据说，东魏长城建筑所用材料，一般就地取材，宜石则石，宜土则土。后来的长城遗迹85％为片石垒砌，15％为土夯。片石垒砌又可分为两种：一种为箱式做法；另一种为以树木和片石混合垒砌。

土夯法：在长城遗址经过土层堆积较厚的地段时采用这类筑法。东魏长城土夯墙体的夯层一般为7厘米至11厘米之间，环形圆底夯，夯窝径为五六厘米。

箱式片石垒砌法：所谓箱式即是长城墙体两侧用片石整齐垒砌，每隔几米不等中间打一隔墙，中间填充碎石和杂土。类似火车车厢一样，这也是早期长城中片石垒砌法中较为常见的一种。其目的是为了增加墙体的强度，使之不易坍塌。该段长城凡是片石构筑段落均采用这种建筑手法。

树石混筑法：这是该段长城建筑手法的特殊之处。这种建筑手法与第二种建筑方法是互相结合在一起的，即先用片石垒砌，当墙体达到一定高度后，将整树平放一层，然后又在上面再垒砌片石，这样几层片石一层树，层层垒砌，借以加强墙体的强度。从四十亩村至下马铺近20千米的段落，就是采用这种做法的。

明代长城

　　1368年，明太祖朱元璋建立了明朝。之后，为了防御蒙古、女真等游牧民族的扰掠，明朝从1368年至1600年，分三个时期，历经200多年时间，修建了西起嘉峪关，东至鸭绿江，全长约为6350千米的万里长城。

　　这座长城是我国历史上费时最久，工程最大，防御体系和结构最为完善的长城工程，它对明朝防御掠扰，保护国家安全和人民生产生活的安定，开发边远地区，保护中国与西北域外的交通联系都起过不小的作用。它充分体现了我国古代建筑工程的高度成就和古代劳动人民的聪明才智。

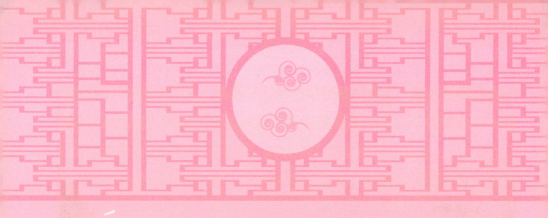

明朝前期为防御边疆修关隘

1368年，农民皇帝朱元璋在南京应天府称帝，国号大明，定都于应天府，年号洪武，建立了明朝，朱元璋即为明太祖。

不久，朱元璋又命开国军事统帅徐达和开国名将常遇春等北伐，

攻占元朝大都北京，蒙元统治者首领北逃，结束了在中原89年的统治，我国再次回归到由汉族建立的明王朝的统治之下。

1421年，明朝迁都至顺天府，应天府改称为南京。

据说，明朝开国之初，国势强盛，但是，退回到漠北草原的蒙古贵族鞑靼、瓦剌诸部仍然不断南下骚扰抢掠。

　　为此，明朝在建国初年的1368年至1447年之间，对明长城辽东段，以及大兴安岭、阴山、贺兰山以西以北一带，进行了第一阶段的长城修建。

　　据我国古籍资料显示，明代前期的长城工程主要是在北魏、北齐、隋长城的基础上，"峻垣深壕，烽堠相接。""各处烟墩务增筑高厚，上贮五月粮及柴薪药弩，墩旁开井……""自长安岭迤西，至洗马林，皆筑石垣，深壕堑"，即增建烟墩、烽堠、戍堡、壕堑，局部地段将土垣改成石墙。修缮重点是北京西北至山西省大同的外边长城和河北省山海关至居庸关的沿边关隘。

　　如居庸关城是1368年"大将军徐达建城跨两山"。嘉峪关是1372年"冯胜巡河西，始治关为极边巨防"。

　　1373年，"诏山西都卫于雁门关、太和岭并武、朔诸山谷间，凡七十三隘，俱设戍兵"。

雁门关城，为1374所建；古北口关城，为1378年徐达筑于山顶之上，名营城。

1381年农历正月，大将军徐达发燕山等卫屯兵51000人，修永平、界岭等32关，始筑山海卫城，命名山海关。

偏头关，则是1390年始建土城。

紫荆关、倒马关上城等著名关口，都为洪武年间所建。

天津黄崖关和北京慕田峪则建于永乐年间，河北省独石关为1426年建，河北省张家口堡为1429年建……

正是这些关城隘口的修筑，组成了后来明长城的中枢，形成了后来明长城的基本骨架。

明代初期所建的这些关隘和长城遗址一直保存至后来。

其中，最先修成的居庸关长城遗址建筑在一条长达15千米的山谷中间，位于北京市昌平城以北20千米的峡谷中，距北京60千米，距八

达岭长城20千米，地形险要，是长城重要的关隘。

居庸关长城所在的峡谷，属太行余脉军都山地，地形极为险要。

早在春秋战国时代，燕国就要扼控此口，时称"居庸塞"；汉朝时，居庸关城已颇具规模；南北朝时，关城建筑又与长城连在一起。此后历唐、辽、金、元数朝，居庸峡谷都有关城之设。

其关城防御体系自北而南由岔道城、居庸外镇、上关城、中关城、南口五道防线组成，而居庸关则是指挥中心。

负责关城守御的是隆庆卫，配有盔、甲、长枪、弓、箭等军械和火器。不仅关城建筑完备，还设有衙署、仓储、书馆、神机库、庙宇、儒学等各种相关设施，文化内涵极为深刻。

据说，元明清三代皇帝都从此关经过，作为政治地位和军事要塞是独一无二的，无与伦比的。

居庸关不仅地势险要，而且风景宜人，从关城南口进入关沟以后，两侧山峦重叠，溪水长流，春、夏、秋三季植被繁茂，山花野草

郁郁葱葱，登高远眺，好似碧波翠浪，早在金代就被列为燕京八景之一，广为流传。

嘉峪关长城在嘉峪关西南隅，因建于嘉峪山麓而得名，是明代万里长城西端的终点。关城平面呈梯形，面积约为33500余平方米，城墙总长733米，高11.7米。

城楼东、西对称，面阔三间，周围有廊，三层歇山顶高17米，气势雄伟。关城四隅有角楼，高两层，形如碉堡。登关楼远望，寨外风光尽收眼底。

城关两侧的城墙横穿沙漠戈壁，北连黑山悬壁长城，南接天下第一墩，是明代万里长城最西端的关口，以巍峨壮观著称于世，被誉为"天下雄关"，自古为河西第一隘口。

嘉峪关长城由内城、外城、城壕三道防线组成重叠并守之势，形成2.5千米一燧，5千米一墩，15千米一堡，50千米一城的军事防御体系。

关城以内城为主，周长640米，面积25000平方米，城高近11米，以黄土夯筑而成，西侧以砖包墙，雄伟坚固。

内城有东西两门，东门为光化门，意为紫气东升，光华普照；西门为柔远门，意为以怀柔而致远，安定西陲。

在两门外各有一瓮城围护，嘉峪关内城墙上还建有箭楼、敌楼、角楼、阁楼、闸门楼共14座。嘉峪关关城是长城众多关城中保存最为完整的一座。

雁门关长城在山西省代县城西北20千米雁门山腰，与宁武关、偏关合称"三关"。附近峰峦错耸，峭壑阴森，中有路，盘旋幽曲，穿城而过，异常险要，为历代戍守重地。

历史上，雁门为双关，两关相距5千米，山脊由长城相连，是为东陉关与西陉关。

《穆天子传》记载："甲午，天子西征，乃绝俞之关隥。"周穆王是西周第五代国王，属西周早期，按此推算，公元前1000年左右已有雁门关。

明代重修的雁门关为东陉关，此关口是大自然赐给人类的通行塞口，打通了塞外与陉南的高山阻隔，在人类历史上起过重要的作用，占有重要的历史地位。

东陉雁门关由关城、瓮城、东城、西城、围城几部分组成，关城为主体部分。

沿古关道依次设天险门及雁楼、地利门及杨六郎祠。

城郭内以古关道东西两侧分为东城、西城，西城区建筑群包括关署兵盘、雁塔等。

关城北侧为瓮城，城内有武庙、戏台等。瓮城门也称小北门，上建门楼。

围城南端分东西城两翼，北至谷底延伸，建有围城门宁边楼。

围城内有分道碑及亭、趵突泉及泉亭，围墙门外接石拱关桥连关道，关外依次设大石墙三道，小石墙25道。

关前依次为长平桥及桥碑、马公杀虎处及马公墓、南道碑亭、关陵、云际泉及九龙亭、雁靖坊、李牧祠，古关道南北走向，南赴南隘口、北至广武隘口，全长20余千米。

雁门关是我国万里长城最古老、最重要的关隘。《舆图志》记载："天下九塞，雁门为首"。雁门关东陉关上又镶有对联"三边冲要无双地，九塞尊崇第一关"。

"两关四口十八隘"，是雁门关独特的军事防御体系。两关即东陉关、西陉关；四口，即太和岭口、南口、白草口、广武口；十八隘，即水峪、胡峪、马兰、茹越、小石、大石、北楼、太安、团城、平刑、太和、水芹、吊桥、庙岭、石匣、阳武峪、玄冈、芦板口。

古北口位于北京密云古北口镇东南，是山海关、居庸关两关之间的长城要塞。由卧虎山长城、蟠龙山长城、金山岭长城和司马台长城组成。

是北齐于555年修筑的一道自西河起至山海关1500余千米的长城。其中，古北口是重点设防的关口。金元两代曾对此关口增建。明代加修了关城、大小关口和烽火台等关塞设施，并增修门关两道，一门设于长城关口处，称"铁门关"，仅容一骑一车通过；一门设于潮河上，称"水门关"，存遗址。望京楼为该段长城的最高点，海拔986米。

古北口明长城是古北口北部的第一道军事防线，是明万里长城中最坚固最雄伟的一段，更是后来唯一一段完整保留了明代长城最精华部分原貌。

八大楼子长城位于密云古北口西山以西，东起西沟，西止于龙潭沟，是一段不常有人到访的野长城。据说站在卧虎山西山向西望，可以看见这一片山上有八座敌楼因而得名。

　　说是八大楼子，实际上从西沟到龙潭沟，一共有13座空心砖楼，另外还有一座毛石实心墩，一座完全塌成石堆的砖台，以及一座相对完好的砖台。

　　前五座敌楼都在上升的山脊上，楼和楼之间都有连续的边墙，其中第一、第二楼损毁严重，第三楼已塌顶，第四楼尚存部分楼橹，但敌楼北面侧墙已塌。第五楼保存尚可，只是箭窗都已破成大洞。从第五座至第七座敌楼，山势较缓，有较为明显的山路。

　　第六楼、第七楼都已塌顶。第七楼是这一带的制高点，海拔约为810米。从这里向西望，西面的山势尽收眼底。第八楼就掩在下面不远的山洼处，后面是狰狞的山脊连接着的第九楼，第十楼。最后的第十一楼、第十二、第十三楼则建在西南面与第十楼隔沟相望的山上，第十二、第十三两楼相距仅几十米。

　　黄峪沟长城在古北口西沟一线上，是一处很短的残长城，不仅其险峻、秀丽让无数人流连，更因为没有修葺，隐匿在深山，横卧的残垣断壁更有一种苍凉之美。

那残破、古旧、朴拙的砖石延绵于崇山峻岭之中，荒凉不事雕琢的自然美，更能令人感受到金戈铁马的千年不屈的风骨。黄峪沟长城中最有特点的是圆形敌楼。

长城上的敌楼多数都是方形或长方形的，圆形敌楼基本集中在样边，也就是水头长城一线，在密云、怀柔一线很少见，像这样保存完好的圆形敌楼，非常少见。

卧虎山长城位于密云古北口镇，古北口长城体系的西段，全长约4.8千米，有敌楼134座，最高海拔665米，山势陡峭，故显雄伟壮观。

卧虎山山顶视野较司马台长城开阔，北有群山环抱，南有河流平川，东西长城起伏连绵，自成一色。

登上主峰极目远眺：东面是隐藏在云雾之中的雾灵山，西面是蜿

蜒曲折的蚂蚁岭，南面是水平若镜的
密云水库，北面是一派塞外风光的桃
山。

卧虎山附近有文物古迹几十处，
如令公庙、太平庙、铁门关、万寿
山、野猪岭、吕祖庙、柳林营等。

卧虎山长城雄险奇秀兼具，以年
代久、变化多、布局巧、设施全成为
长城建筑史上的杰作。

这里有万里长城唯一的姐妹楼，
有最长的水关长城，有极为罕见的扁

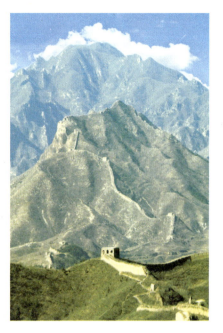

形楼、圆形楼、半边楼、双垛口和"刀把楼"。还有由北齐长城、明
砖长城、明石长城、长城支城等汇成的壮观的"长城之结"。

这些都构成了万里长城上不可多得的珍贵文物。

万寿山长城长780米，共有敌楼七座，卧虎山段长城长约1.6千米，
共有敌楼九座，山势险峻，敌楼密集，西与八大楼子长城相连，东与
蟠龙山长城紧锁潮河，古称"京师锁钥"。

这里的长城多修于险峰断崖之上，雄奇险峻，气势恢宏，走势极
富变化和韵律，有的地方几乎垂直壁立，有的地方又几乎是悬空，险
象环生。

蟠龙山长城位于具有燕京门户之称的密云古北口镇，处在司马台
长城和卧虎山长城之间，距北京100千米，是我国所有开放的长城中唯
一一处没有经过人工修缮而保持历史原貌的古长城。除明代长城外，
还有北京最古老的北齐长城。

　　蟠龙山长城是历史上战事最多的长城，其相对高度不高，约150米，可登攀的长城长度约5千米。著名敌楼"将军楼"有22个门洞，是较为罕见、气势宏伟而且保持原貌的多门洞敌楼。

　　五里坨长城在金山岭长城的尽头，它实际上是古北口长城的一部分，但在金山岭的六眼楼上看五里坨长城是最佳角度。

　　金山岭长城位于河北省承德滦平县境内，与北京密云相邻，距北京区130千米，是明代爱国将领戚继光担任蓟镇总兵官时期主持修筑，是万里长城的精华地段，素有"万里长城，金山独秀"之美誉，障墙、文字砖和挡马石是金山岭长城的三绝，素有"摄影爱好者的天堂"美誉。

　　金山岭长城横亘在河北省承德滦平县与北京密云交界地带的燕山支脉上，东接司马台长城，西连古北口长城，地处京、津、辽、蒙等地的交汇点。

　　这段长城西起历史上著名的关口古北口，东至高耸入云的望京

楼，全长10.5千米，沿线设有关隘五处，敌楼67座，烽燧三座，因其视野开阔，敌楼密集，景观奇特，建筑艺术精美，军事防御体系健全，保存完好而著称于世。

金山岭海拔700米，登山北观群山似涛，东望司马台水库如镜，南眺密云水库碧波粼粼。长城依山凭险，起伏跌宕于山水之间，形势极为雄奇。

尤其此处敌楼密集，构筑精巧，形式多样，是八达岭、山海关、嘉峪关、居庸关等地长城绝难媲美的，为万里长城中正在开发的旅游胜境之一。

金山岭长城蜿蜒曲折，视野开阔，敌楼密集，雄伟壮观。长城内外高山峻岭，林海苍茫，春夏秋冬四季适宜徒步旅游和摄影。

司马台长城位于金山岭长城东部的古北口镇司马台村北。城墙依险峻山势而筑，并以奇、特、险著称于世。司马台水库将该长城分为东西两段。东段有敌楼16座，西段有18座。

敌楼密集、形式多变、结构各异，楼的间距平均仅140米，极其雄奇壮丽。东段长城峰巅有两座敌楼最为显赫，即仙女楼与望京楼。尤其望京楼筑于海拔千米的陡峭峰顶，景观绝佳，可遥望到北京城。

当然，位于古北口关长城段的八大楼子长城、黄峪沟长城、卧虎山长城、万寿山长城、蟠龙山长城、五里坨长城、金山岭长城和司马台长城等长城并都是在同一时期内建成的，但是，它们这段长城遗址又被统称为"古北口关长城"。

除了古北口关长城，明代初期建成的山海关长城也非常有名。

山海关长城全长26千米，主要包括：老龙头长城、南翼长城、关城长城、北翼长城、角山长城、三道关长城及九门口长城等地段。

这段长城由关城、东罗城、西罗城、南翼城、北翼城、威远城和宁海城七大城堡构成。四周长约4.8千米，高11.6米，厚10余米的城墙，墙体高大坚实，气势宏伟。

在东、西、南、北建有四个城门，城东南隅、东北隅建有角楼，城中间建有雄伟的钟鼓楼。整个卫城建筑规模宏伟，防御工程坚固。

山海关是明代创建"卫所兵制"的产物，明代的"屯田制"和改革政策又对山海关的巩固和发展起到了重要的作用。

其中，关城长城是山海关长城的中部区段，全长约7.1千米，其主

线即关城东垣长约1.4千米；附线即关城西、北、南垣共长约3.4千米，东罗城垣长约1.5千米，瓮城城垣长823米。主线上还建有镇东楼、临闾楼、牧营楼、新楼、靖边楼、威远堂等六座敌楼，两座城台。附线包括关城城垣、东罗城垣、瓮城城墙三部分。

北翼长城南起北斗峰，北至角山山麓的旱门10号台，全长大约有3千米。角山长城主要包括旱门10号台、旱门关、角山敌台、月城等。三道关长城主要由城墙、桃园东13号敌台、三道关、烂石关、唐帽16号敌台、尖山西17台、尖山东18台构成。九门口长城主要包括五道楼、枣山区段和九门口三部分。

老龙头长城是长城入海的端头部分，有"中华之魂"的盛誉。位于山海关以南约4千米处，北连长城，南入渤海，是明万里长城东端的起点。

老龙头长城简称老龙头，由入海石城、靖虏1号敌台、王爱2号敌台、南海口关、澄海楼、宁海楼、宁海城及滨海城墙等部分组成，始建于1381年。

当时，筑有入海23米的石城，城垣上修有澄海楼。后毁于兵燹，仅存翘首海滨的一段颓墙残壁。

山海关自从建关设卫以来，商贾往来频繁，经济贸易活跃，对于发展民族之间的友好往来，促进经济文化交流，保卫首都、巩固明王朝的统治起到了重要作用。无论是从规模上、布局上，还是从结构上，山海关都是我国古代建筑史上所罕见的，它也是万里长城的精华所在，是我国古代城市中建设宝库中不可多得的一部杰作。

比山海关后建成的偏头关位于偏关县黄河边。与宁武关、雁门关合称"三关"，因其地势东仰西伏，故名"偏头关"。

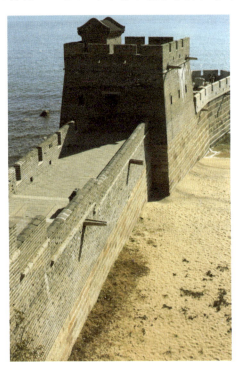

偏头关城形状不规则，东西长1.1千米。东、西、南三道城门均建有瓮城。城高10米处砌砖石，南门至西门一带，砖石大部分犹存。西墙、北墙多为夯土墙，东部城墙已毁。明代除设置偏头关外，在崇山峻岭的长城沿线及重要通道上建起了关城22座，有桦林堡、老牛湾堡、草垛山堡、老营堡等。

这些堡城边墙现多仅存夯土，唯地处黄河岸边桦林堡地

段，约30千米边墙保存较好，全部包砖，高耸于河岸，甚为壮观。

重建于永乐年间的天津黄崖关在蓟县北30千米的崇山峻岭之中。历史上，蓟州城共有守营墩台18座，黄崖关为其一，也是最为重要的关隘。始建于556年，明代重建。

黄崖关长城，东达河北省遵化县的马兰关，西接北京平谷的将军关，全长42千米，是我国古长城的一部分，有楼台66座，即敌楼52座，烽火台14座，是京东军事险要之地。

这里是明代蓟镇长城的重要关隘，也是县境内唯一的一座关城。关城东侧山崖的岩石多为黄褐色，每当夕阳映照，金碧辉煌，素有"晚照黄崖"之称，关城因此得名。

和这座长城在明代同一时期修建的北京慕田峪长城，长城地址位于怀柔区境内。

这段长城西接居庸关长城，东连古北口，著名的长城景观箭扣、牛角边、鹰飞倒仰等位于慕田峪长城西端，是万里长城的精华所在。

　　慕田峪长城多建在外侧陡峭的崖边，依山就势，以险制厄。墙体高七八米，墙顶宽四五米，建筑材料以花岗条石为主，雄伟坚固。

　　慕田峪长城，墙顶上两边都建有矮墙垛口，可两面拒敌，外侧还挖掘有挡马坑，使防御功能更加完善，这是一大优点。慕田峪长城墙顶的双侧都筑有长1.67米、厚1.33米、高0.67米的垛口。

　　慕田峪长城的关门两侧是沿山脊升起的，随山势翻转。在这些地段的垛口不是开口的长方形，而是呈锯齿状。射洞筑在垛口的下方，它不是圆形孔，而是顶部呈弧状的方形孔。

　　险要之处还修有炮台。慕田峪长城上还建有"支城"。所谓"支城"，就是在长城内外侧有高脊山梁的地方，再节顺山梁修出一段长城来，长度几米到几十米不等，并在此筑有敌楼，当地人称为"刀把楼"。

　　明代在重修慕田峪长城时，在墙顶的两侧都加修了垛口，还同时新设置了滚木石雷石孔，可攻可守。而修筑"刀把楼"，可控制制高点，减少对主城的威胁。慕田峪长城从正关台左侧起，随山势翻转，奔向远方。

长城由山腰直伸山顶，在山顶立敌楼后，又突然下降，翻身向下返回山腰，又骤然升起，直至海拔940多米的地方，绕了一个大弯，其形状酷似牛犄角，苍劲雄浑，人们把它称为"牛犄角边"。

长城从"牛犄角边"继续往前延伸，经过一个名叫"箭扣"的地方，这里是已达海拔约1千米的山峰，两侧陡峭如削。在修筑长城时，必须从山头的外侧断崖绝壁上通过，又不能把这个制高点留在外面，使用砖石、木材显然都不行。

于是，聪明的能工巧匠们，用了两根大铁梁担在断崖之上，上面再垒砌砖石，这种方法在整个长城修建史上极为罕见。

在慕田峪长城东侧，长城本来是顺山势伸向东北。可是到敌楼处突然分出约1千多米的地段，另辟蹊径摆向东南方向，山势尽处，突然

终止，在尽头处修了一个甚是坚固雄伟的敌楼。

这段千余米的长城被人们称之为"秃尾巴边"。这样，长城在此处就形成了三道长城会于一楼，"三面极目观巨龙"的景观。

在慕田峪长城"牛犄角边"的两侧，还有一段长城被称为"箭扣"及"鹰飞倒仰"。墙体全部建在岩石裸露的悬崖峭壁上，长城的坡度大都在50度左右，其中有一节接近90度，几近垂直，台阶仅有几尺宽，非勇敢者不敢涉足。

知识点滴

据说，明朝在初年规模较大的长城修筑活动主要有五次：

第一次是1371年，朝廷发动蔚、忻、山东民工和兵士协力修整长城。

第二次是1399年至1402年修筑了自宣府至大同境内的长城，又称为"极边""大边"。

第三次是1413年，修筑了西自今河北省万全县洗马林，东至宣化市东北50千米处长安岭堡的长城。并且"山西缘边墩守始成。"

第四次是1436年，从河北省龙关经独石口至天津蓟县北，长约270千米的险要地段，修筑了烟墩22座，以加强瞭望戍守。同年，还在今宁夏回族自治区盐池向陕西省东北的道路上增筑烽堠，以巩固边备。

第五次是1442年农历十一月，明陈总朝廷下令"缮城垣，浚沟堑，五里为堡，十里为屯，使烽燧接相。"这段辽东长城从吾名口至镇北关，全长1500米，并营建了前卫屯兵城和各种堡城、边台。

明中期为拒蒙大建防御长城

1449年农历八月，明英宗朱祁镇率兵去攻打几乎统一蒙古各部并大举攻明的瓦剌部，在居庸关外的土木堡，也就是后来的河北省怀来县东，遭瓦剌军围攻，全军溃败，明英宗也被俘，这就是明代历史上被称为"土木之变"的战役。

"土木之变"以后，瓦剌、鞑靼等蒙古部落不断兴兵侵犯掳掠，迫使明朝把修筑北方长城，增建墩堡作为当务之急。

特别是1550年，蒙古土默特部首领俺达汗因贡市不遂而发动战争，威

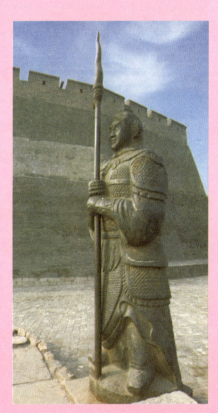

胁明朝的京师安全后，明朝朝廷对蒙古采取了"以守为经"的方针，更加重视长城的修筑。

为此，从1450年至1620年的170年间，明代长城修建规模空前，并沿长城完善确定了"九边十三镇"的防御体系。

这场筑墙运动以1467年巡抚余子俊筑延绥镇边墙为肇始，其后，余子俊又奏筑自黄沙嘴至花马池的宁夏河东墙；巡抚李铭督修蓟镇关口长城；巡抚李承勋及韩斌、周俊等人又先后修筑辽东边墙。

巡抚、都御史贾俊等人奏筑宁夏城西南墙；总制秦筑固原内边长城；三边总制杨一清请筑固原陕西宁夏边墙；总制尚书王琼修宁夏深沟高垒。

宣大总督翟鹏督修宣大边墙；兵部右侍郎翁万达增筑宣大边墙；巡抚苏祐筑内三关边墙及辽东边墙，巡抚杨博主持大规模增筑甘肃镇边墙。

总督谭伦、总理戚继光及总督王一鹗、巡抚塞达先后扩建蓟镇边墙；辽东总兵李成梁重修辽东边墙；三边总督李汶筑甘肃镇边墙等。

明代连年兴师动众，每筑上千千米，皆墩堡相连，层层布防，且在紧要处又多重构筑，尽将通人马处堵塞。

为此，明代在这一时期修建的长城工程要比以前加高加宽，而且大量用砖包砌，墙上有垛口女墙，绵延如链。

而且跨墙加筑墩台，又创建砖石空心敌台，万余里的边墙，高度可达八九米，最高处可达10多米，宽度顶宽可达6米，最宽处也可达10多米。

明朝在这一时期修筑的长城很多一直保留了下来，其中最为著名的有宁夏河东墙、蓟镇关口长城、辽东边墙、固原内边长城和甘肃镇边墙等。

宁夏河东墙是古时灵州、后来的灵武所在地，它一直是中原王朝驻守西北边关的战略要地，因军事防御所需，秦、汉、隋、明四个朝代统治者都曾在灵州修筑过长城，并在这里驻军守卫，移民屯退。

灵武境内的长城，又以明长城保存最为完好且气势雄伟。它西起横城堡黄河岸边，犹如一条巨龙，饮水于黄河，穿沙海，跨丘陵、过

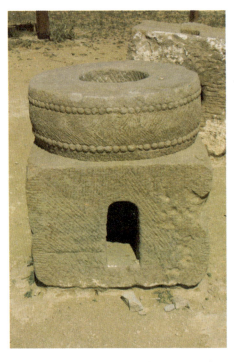

草原，昂首东去绵延伏于辽阔的鄂尔多斯台地之上。

灵武境内的明长城自西向东横贯宁夏回族自治区的临河镇、宁东镇，出马家滩镇进入盐池县境内，历史上一直被称为"河东墙"，又称"东大边"或"横城大边"。

灵武明长城，建成于1474年，西起横城北黄河岸边，向东南绵延，经水洞沟、红山堡、清水营古堡等地穿越市境，经盐池县至陕西省定边周台子乡。全长约200余千米，灵武境内长45千米。

据史料记载，灵武境内曾修过两段长城，一为隋代长城、一为明长城，全部就地取材，用黄土夯筑而成。这段长城上设有敌台、墙台以及墩台等军事设施。每隔一二百米建有凸出墙外的墙台，这样边墙的墙根就不再有火力的死角，可进行侧翼攻击。

敌台高于城墙之上，可左右相望，前后呼应。

有些险要地段置周庐敌台，驻兵达20人之多。河东墙内侧共建有29座城池。灵武营所属烽火墩113座，每隔2.5千米设一墩。

夜则举火，昼则举烟示警。若见敌数人至百余，举放一烽一炮；500人两烽两炮；1000人3烽3炮；5000人以上4烽4炮；万人以上5烽5炮。

台设墩夫，配备旗帜，鼓、弩、软梯、炮石、火药、火箭、狼粪、牛粪、柴草等。兵士日夜守哨，沿线各兵营驻有重兵，粮草、兵器、军需齐备，守望、巡逻、通讯、调兵，各个兼顾，无一偏废，一派军事戒备状态。明代修筑完河东墙，使长城形成两条道路，一为长城顶部，可供五匹马并行，守望、巡逻的士兵常年在长城顶部道路上往来，食物、军械也在顶部运行。

二是长城内侧又建成一条交通大道，因有军队驻守、巡逻，行旅及货物有了安全保障，所以这条大道商旅往返络绎不绝。

蓟镇关口长城其最大防戍范围，东起山海关，向西经永平、迁安、遵化、蓟州、平谷、顺义、昌平等州县境内的关口，到达居庸关南的镇边城。

重要关隘有：秦皇岛的山海关，抚宁县的九门口、界岭口，卢龙县的桃林口、刘家口，迁安县的冷口，迁西的青山口、董家口、喜峰口、潘家口、龙井关，遵化的马兰关，蓟县的黄崖关，平谷县的将军

关，密云的墙子路、古北口，昌平县的黄花镇，延庆的八达岭、居庸关等。

其中，八达岭长城位于北京延庆军都山关沟古道北口，史称"天下九塞之一"，是万里长城的精华，在明长城中独具代表性。

这段长城始建于1505年，是明代进行了长达80余年的修建完成的，并将抗倭名将戚继光调来北方，指挥长城防务。经过80余年的修建，八达岭长城成为城关相连、墩堡相望、重城护卫、烽火报警的严密防御体系。

修建这段八达岭长城时，遵循秦时筑城的依山就势、因险阻敌的原则，走最高的山脊，随山脊转折而弯曲，不求取直拉平，以减少切土填方，并做到省工省料，坚固实用。

八达岭长城的墙体，是万里长城中最雄伟壮观的地段。建造者克服了重重困难，才在险峻的高山上筑成。

八达岭大部墙顶宽阔平坦，可以"五马并骑、十人并行"，以适应战斗的需要。而在北峰至青龙桥一段城墙，山陡坡险，墙顶较窄，最窄处仅两米多。城墙中线偏于外侧，外侧墙高，内侧墙低。

八达岭长城墙体两面都用抗腐蚀、抗风化、性能好、硬度较高的花岗岩石条包砌。石条宽0.5米，高0.4米，长1米不等，最长石条达3.1米，重约1500千克。石条一层层垒砌起来，无论陡峭山坡或平缓地段，石条均逐层水平垒砌，纵横交错，横架竖垒，咬合成一体，合缝处灌以灰浆。

墙体内填泥土、石块，用夯砸实。墙体上面铺三四层城砖，用石灰膏或者是糯米汁粘接灌缝。这样，使得城墙三面风雨不透。

八达岭长城墙顶两边有砖砌矮墙，外侧叫雉堞或垛墙，内侧叫"宇墙"或"女儿墙"。垛墙为迎敌面，显示着"保存自己，打击敌

人"的构筑思想。

墙高互1.7米至2米，便于掩护人体，一般是砌到人体胸部高度，开始筑垛口。

垛口的砖是特制的，头部呈尖形，码在垛口上，内外都呈扇面，外宽内窄，观察面大，不易被敌箭射中。挡垛上部留有0.3米大小的方洞，呈外扇面形，这叫"瞭望孔"，以备观察敌情。

墙下部隔不远处就砌有宽0.3米，高0.35米的方洞，外口呈扇面形，这叫"射孔"。在敌方兵临城下或搭云梯登城时，通过射孔用石块、火球、刀矛阻击敌人。

内侧的宇墙，高约1米，主要是保护城上人马行走安全，防止在紧急时刻掉落城下。

垛墙和宇墙用的是特制大砖，长0.36米，宽0.2米，厚0.1米。墙顶一层用脊砖。脊砖两边低中间高，或内侧高外侧低，便于排除积水。

城墙顶部形成两边有墙的巷道。在两边砖墙根，特意砌有小水槽，积水沿水槽而流，至较低处的宇墙下部，经流水孔把水引到墙外的吐水嘴上，泄流城墙之外。

长城的防守是分段的，"班组"各负其责。平时，守

城军士驻扎城下，遇有烽烟报警，登城上岗。

长城内侧，每隔一定距离，城墙下部就开有一个登城口，登城兵士各行其道，临阵不乱。

这种小型登城口，叫券门，"后勤"人员运送军械器具、饮水和干粮，也都从这里登城。券门是圆拱形小门，高1.8米，宽0.8米，门框用四块规格一致的石料组装。门内有石阶，通向城墙顶上。

修长城用的大砖和石料，多是就地取材，分派当地政府专门监制。古砖上写有标记，标明州府及制作者，出了问题，便于追查。

砌墙的石条有的长达两米，重约1000多千克。在山岭起伏、坡度陡峭没有道路的山峰上施工，把大量的土方、条石和砖运上山岭，是一件非常不容易的事情。

据说，垒墙所用黄土和砖，都是用排队传递的办法，一筐一筐，一块一块传递或挑抬上去的。民间也有"用山羊背砖上山"的传说。

至于搬运大石条，那就要运用斜面和滚木、杠木等办法来运输了。

可以说，长城上的每一撮土、每一块砖和石头，都浸透着古代劳动人民的血汗。同时，也充分显示出我国古代建筑工程技术的成就。

修筑长城采用分段包干的办法，每段修成后，都要立碑，记载主持官员和工头的名字，及所修长度和工期。

如西拨子石拂寺山顶长城上，有一通石碑，是"分修居庸至石佛寺地方边墙碑"，碑文是：

> 钦差山东都司政合事轮领秋防上营官军都指挥企事寿春陆应元奉多分修居庸关路石佛寺地万边墙，东接右骑营。起长梁拾征文贰尺，内石券门一座，督率本营官军修完、送将管工官员镌名竖石，以垂永世。

从碑刻中我们可以看出，长城当时主要是利用军队的力量来修筑的。同时还可看出，几千名官兵，还加上许多民丁，才包了200多米长的一段工程，可以想见当时修长城的艰巨程度。

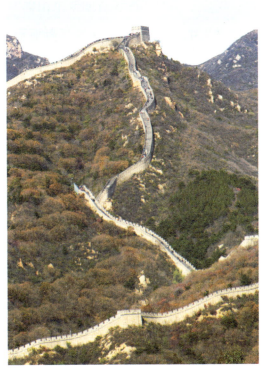

关于蓟镇西部边界及所辖关隘，史志及有关书刊说法不尽一致，主要有西至四海冶、石塘岭、镇边城、居庸关等几种说法，其原因有以下两点：

一是，表述角度不同。如石塘岭和四海冶之说，石塘岭是蓟镇西部的重要关隘，再西行便是宣府镇的东边关口四海冶，长城到四海冶向内外分成两股，外走向的称外长城，又称"外边"；经独石口、张家口、大同到达内蒙古自治区的清水河向宁夏回族自治区、甘肃省走去。内长城从四海冶向西南经居庸关、紫荆关、倒马关入山西省，经平型关、雁门关、宁武关到清水河与外边相接。

处在长城内外岔路口上的四海冶虽仅是个配备了马营哨的小关口，但它是宣府的东南部咽喉，又是蓟、宣两镇边防衔接的地方。从防边相接来说，蓟镇西边至四海冶是对的。

以蓟镇防区西端关口为界点来说，西至石塘岭也是有道理的。

其二，昌平镇增设，初设九镇，没有昌平镇，后来为加强京师防御，增设了昌平镇和真保镇。

昌平镇管辖慕田峪以西向南至紫荆关这一段的内边防御，设参将分守黄花镇、居庸关、横岭城。真保镇管辖紫荆关、沿河口至娘子关这一段的内边防御。

1563年，蓟镇东起山海关，西至镇边城居庸关南约2.1千米，分为10路，前七路为蓟镇旧属，第八至第十路为黄花镇、居庸关、镇边城。这样，昌平镇的防御区段俱并入蓟镇。

1568年，戚继光以左都督总理蓟辽昌保练兵事务，节制四镇兼蓟镇总兵官，又把10路分12路，所以说蓟镇西部边界一直到镇边城是有一定道理的。

至于戚继光自己说"左山海，右居庸"是说明蓟镇的重要，左控山海雄关，西扼居庸要塞，并非具体表述镇防边界，即使是表述镇防边界也可以，因为镇边城属于居庸关的防御体系。

　　明代辽东边墙西起山海关，东迄辽宁省宽甸县鸭绿江边的一段明长城的总称，全长约1.9千米。明代辽东地图里，由九边之一的辽东镇管辖沿线防务。

　　辽东边墙按其地理位置和修筑年代，可以分为三部分。

　　一是辽河流域边墙，是三段边墙中修筑时间最早的，其形内凹，略如"V"字形，从辽宁省北镇、黑山西北起到开原东北莲花街村止，长700余米，边墙沿线墩台林立。除西部有一小段石墙外，其余全线皆为夯土版筑城墙。

　　二是辽西边墙，由王翱、毕恭主持修建，从山海关外的铁场堡吾名口，即绥中西南铁厂堡吴明口起至广宁镇静堡止，长870米。其间既有夯土墙也有石墙，还有山险无墙，形势相当险要。

　　三是辽东东部边墙，由韩斌、周俊、李成梁先后主持修建工作。其行经路线，从开原镇北关起到丹东鸭绿扛畔宽甸江沿台，即宽甸县南境虎山，边墙结构，有劈山石墙、土墙、木柞墙。

固原内边这道长城，东起陕西省定边姬源乡的饶阳堡，经甘肃省环县甜水堡，宁夏回族自治区同心县下马关、徐冰水、红古城，海原县西安镇、千盐池，甘肃省靖远县打拉赤、青沙岘，抵达该县黄河东岸的花儿岔。

位于明代第一边防线延绥长城和宁夏回族自治区河东长城之南，为该地区的第二道防线，属固原管辖，故称"固原内边"。

固原内边因是第二道防线，修筑质量较差。后来内边城墙保存完好的，只有同心县下马关镇境内的7.5千米夯土墙。

下马关古城依龟形而建，城池固若金汤。后因设在固原的三边总制巡视边防必下马于此休息，故得名下马关。

知识点滴

在明代中期，为了加强长城的防务和指挥调遣长城沿线的兵力，并能经常修缮长城关隘，明朝把长城沿线分为九个防守区段，称之为"九边"，长城也称之为"边墙"。

九边是在明初边地都司、行都司的基础上，根据当时边防形势实行分地守御的原则形成的，它的形成以设置镇守都督、总兵官为标志，各边设置镇守的时间并不一致，大约到弘治年间九边镇守才设置完毕，因为是九个，所以称为"九边重镇"。

这九边重镇为辽东、蓟州、宣府、大同、山西、榆林、宁夏、固原、甘肃九镇。九边九镇之外，为了加强京城的防务，保护明十三陵以及战备的需要，明朝朝廷又在嘉靖年间于北京的西北填设了昌平镇和真保镇，并于万历年间从蓟镇析置出山海镇，于固原镇析置出临洮镇。

明代后期蓟东长城的修建

　　历史上，明代在后期修建长城的时间是在1621年至1644年建，此阶段，是明朝长城修筑的尾声。

　　明末时期，许多名臣良将、封疆大吏都被朝廷派往山海关督师、经略，调动重兵，加强防务。兵部尚书熊廷弼、孙承宗曾先后两次出任辽东督师经略。

　　1621年，孙承宗带兵在山海关城东墙之上建"新楼"，以加强东部防线。

　　第二年，孙承宗又在南海设立龙武营，加强海上防御力量。为了向辽东辽西转运大量的军需物资，孙承宗又派兵重新修复利用南海码头港，疏浚

海口河道。

孙承宗在职四年，练兵屯田，修筑宁远等大城9座，堡49座，练兵11万。

1633年，巡抚杨嗣昌在关城南、北各处建南北翼城，增强关城南北两翼的防御能力，与城关左右相呼应。同年，在城关南老龙头上，修筑宁海城，地势险峻，是一座踞于海防要冲的堡垒城。在关外1千米处的欢喜岭高地上，建造威远城，居高临下，易守难攻，成为山海关东城防守的前哨。

1643年，在城关西侧建筑西罗城，与东罗城前后呼应，成为关城的前防后卫。

与此同时，杨嗣昌还派兵加强了附近长城的防御措施，例如位于城关东北的九门口，也增修加固。雄伟的万里长城浑然一体，形成京东一线坚固的防御屏障，对于保卫京师，巩固明王朝的统治起到一定作用。为此，总的说来，明末时期的长城修建工程主要是对明代前期长城的重建和改线。

纵观明长城的修建历史，后人认为，修筑明长城的目的主要是为了防御北方游牧民族统治者的骚扰。明朝自始至终对北方防务的建设非常重视。

长城、关隘、墩堡修筑工程在明朝的270多年中几乎没有中断过，逐步形成了"九边"分区防守，分段管理和修筑长城的制度。

据《明史·兵志》记载，初设辽东、宣府、大同、延绥四镇，继设宁夏、甘肃、蓟州三镇，而太原总兵治偏头，三边治府驻固原，也称二镇，是为"九边"。

这九边重镇的总兵驻地和所辖长城的地段如下：

其中，辽东总兵驻地在辽宁辽阳，后又移驻辽宁北镇。所管辖的长城南起今丹东东北鸭绿江边，西至山海关，全长975千米。此镇长城到明朝中期以后即很少修葺，大都没有包砖，遗迹保存较少。

宣府总兵驻地在河北宣化。管辖的长城东起居庸关，西至山西大同东北的西洋河，全长511.5千米。宣府镇长城的位置正位于明朝都城的西北，形势十分重要，所以城墙十分坚固，有的地方有内外九重城墙。兵力配备也很雄厚，总镇之下，分作四"路"防守。

大同总兵驻地在山西大同，管辖的长城东起山西天镇口台，西至山西偏关东北的鸦角山，全长335千米。

延绥镇亦称作榆林镇，总兵驻地在陕西榆林堡。管辖的长城东起陕西府谷清水营，西至宁夏花马池，全长885千米。

宁夏镇总兵驻地在宁夏回族自治区银川市。管辖的长城东起大盐池，西至甘肃皋兰、靖远等地，全长1000千多米。甘肃镇总兵驻地在甘肃张掖。管辖的长城东起兰州，西至嘉峪关祁连山下，全长800余千米。蓟州总兵驻地在三屯营。管辖的长城东起山海关，西至居庸关灰岭口，全长600多千米，是现存长城中保存最完整的一段。戚继光任蓟镇总兵时创建的骑墙敌台，改进了长城的防御工事，不仅增强了防御能力，而且也使长城更加壮观。其主要工程就在这一段上。

太原镇，亦称山西镇，总兵驻地在偏关。管辖的长城西起山西河曲黄河岸边，经偏关、老营堡、宁武、雁门关、平型关、龙泉关、固关而达黄榆岭，全长800余千米。其作用是为了加强都城的防御，因其在大同、宣府两镇长城之内，所以又称之为内长城。这一镇的长城极坚固，并有石墙，有些地方石墙多达20多重。

固原的总兵驻地在今宁夏回族自治区固原。管辖的长城东起陕西靖边与榆林镇长城相接，西达皋兰与甘肃镇相接，全长500千米许。这镇的长城也有好几重。

以上九镇所辖长城的总长度合计6300余千米。不过，这些数据仅仅只是我国历史文献上记载的长度，而实际长度还不止于此。明长城对于明朝政权的巩固，北部地区农牧业生产的安定，国家的安全都起了积极的作用。

知识点滴

　　明代长城沿线九边重镇的建立时间历来众说纷纭，而今学者考证，除甘肃镇设于洪武年间外，其余的辽东镇、蓟镇、宣府镇、大同镇、宁夏镇形成于永乐年间，延绥镇（也称榆林镇）形成于正统年。
　　原三关镇也称山西镇或太原镇，建于宣德年间，固原镇建于弘治年，昌平镇与真保镇建立于嘉靖年，山海镇及临洮镇悉置于万历年间。